人口贫困与区域可持续发展
——以三峡库区为例

RENKOU PINKUN YU QUYU KECHIXU FAZHAN
YISANXIA KUQU WEILI

陆远权◉著

重庆大学出版社

图书在版编目(CIP)数据

人口贫困与区域可持续发展:以三峡库区为例/陆远权著.—重庆:重庆大学出版社,2013.10
ISBN 978-7-5624-7673-3

Ⅰ.①人… Ⅱ.①陆… Ⅲ.①三峡水利工程—长江流域—贫困问题—研究②三峡水利工程—区域发展—研究
Ⅳ.①F124.7②F127.719

中国版本图书馆 CIP 数据核字(2013)第 191954 号

人口贫困与区域可持续发展
——以三峡库区为例
陆远权　著
策划编辑:雷少波　林佳木
责任编辑:李桂英　　版式设计:林佳木
责任校对:谢　芳　　责任印制:张　策
*
重庆大学出版社出版发行
出版人:邓晓益
社址:重庆市沙坪坝区大学城西路 21 号
邮编:401331
电话:(023) 88617190　88617185(中小学)
传真:(023) 88617186　88617166
网址:http://www.cqup.com.cn
邮箱:fxk@cqup.com.cn (营销中心)
全国新华书店经销
重庆升光电力印务有限公司印刷
*
开本:787×1092　1/16　印张:11.25　字数:184 千
2013 年 10 月第 1 版　2013 年 10 月第 1 次印刷
ISBN 978-7-5624-7673-3　定价:32.00 元

前言

人口贫困是一个世界性问题，也是一个世界级难题，更是一个发展中国家或地区的普遍性问题。

目前，国际上的贫困标准为人均每天 1.25 美元。依据此贫困线衡量，2005 年，全球贫穷国家中大约有 14 亿人每天的平均生活费少于 1.25 美元。2007 年，有 10 亿人处于极端贫困的境地。世界银行减贫与公平局局长杰米・萨沃德拉曾说道："发展中国家人口的 22% 处于每日生活费 1.25 美元之下，43% 处于每日 2 美元之下，这种情形令人无法容忍。"贫困人口不仅数量众多，而且分布区域极广。虽然 2008 年以后，贫困人口的比例和人数相继出现下降，但在世界 200 多个国家和地区，仍不同程度地存在大量贫困人口。

从世界范围观察，贫困的治理从未停止，扶贫工作的开展也卓有成效。例如，中国的贫困率从 1981 年的近 80% 下降到 2005 年的 18%；中国的贫困人口从 1981 年的 8.35 亿人减至 2005 年的 2.007 亿人。随着中国经济的发展，扶贫标准也不断向上调整，贫困人口呈大幅度下降趋势，2010 年减至 2 688 万人。2011 年中央扶贫工作会议决定将中国的扶贫标准由 2010 年的 1 274 元提高至 2 300 元，以新的贫困标准计算，中国的贫困人口可能将上升至 1 亿人。在南亚，贫困率从 1981 年的 60% 下降到 2005 年的 40%，但贫困的治理难度大，返贫率也比较高。南亚地区的穷人总数有 8 亿左右，2010 年世界 17 亿贫困人口约一半集中在南亚。其中印度的贫困人口从 1981 年的 4.2 亿人增加至 2005 年的 4.55 亿人，2010 年其极贫人口占到世界的 33%。2013 年初，印度政府在全国 20 个地区推出一项"福利直接转账"计划，拟拨付现金 3 万亿卢比（约合人民币 3 614 亿元），以帮助贫困人口。据世界银行估计，由于食品和燃料价格的飙升，全球贫困指数将会持续增大，约可能新增加 1 亿人陷入极端贫困。

世界贫困人口主要集中在发展中国家和地区。世界银行从116个国家的675个家庭收集的数据表明，发展中国家的生活费比人们以往想象的高；发展中国家的极端贫困人口比以前估计的多。在非洲、南亚、东亚等区域，贫困人口基数大，贫困是一个普遍性问题。中国是一个人口众多的发展中大国，“老、少、边”地区呈现出明显的区域贫困和人口贫困双重特征，特别是在中国的西部地区，更是集中了大量的贫困人口。

三峡库区位于湖北、重庆的交界区域，面积5.54万平方千米，囊括19个淹没搬迁区县，是中国最大的移民经济区，也是全国14个连片的贫困山区之一。三峡库区有两大区域性特征：一是贫困；二是移民。人口贫困与区域贫困构筑成三峡库区贫困的两个方面，互为条件，相互影响。120多万移民在给库区发展注入机遇与活力的同时，部分人口的贫困问题又加剧了库区社会经济发展的艰难和风险。

对于三峡库区这样一个欠发达区域而言，消除人口贫困与可持续发展是一个整体或一个问题的两个方面。不消除人口贫困，区域就难以持续发展；不有效改善区域基础设施条件，提高人口素质，注重生态环境保护和资源的可持续利用，也不可能从根本上消除贫困。三峡库区大量贫困人口的存在，加大了社会经济的运行负荷与成本，已成为三峡库区经济社会实现可持续发展的障碍性因素。因此，要有效推进三峡库区经济社会的可持续发展，就必须创新人口脱贫思路，切实解决贫困人口的发家致富。

由于资料的动态变化和面上收集的难度，加之本人的知识水平和能力有限，研究中可能存在较多不足之处，恳请赐教指正。例如，三峡库区的县际贫困比较和区域影响；三峡库区人口贫困效应的计量分析与风险预警建立；三峡库区贫困人口的心理疏导与社会适应；三峡库区后期发展的长效补偿机制与扶贫转移支付；区域脱贫与城乡统筹发展路径等问题还需进行深入的后续研究。

目　录

1 绪 论

1.1 研究的背景和意义

贫困是一个内涵及外延都比较广泛的概念。既有物质的，又有精神的；既有绝对的，又有相对的；既有广义的，又有狭义的；既有历史的，又有现实的。贫困不仅指经济上的贫穷，还包括健康上的恶化，教育上的匮乏，精神上的虚无。按照新的认知，甚至连人们面临所不能控制的不利于自己的诸多风险，也称作脆弱性贫困①。

联合国原秘书长安南于 1997 年 10 月在关于“消除贫困”的文告中指出：“在发展中国家，目前有 13 亿人生活在生活费每天不足 1 美元的贫困线以下；在发达国家，也有 1 亿多人生活在贫困线以下。”虽然说经过这些年的扶贫发展，世界贫困人口的规模在急剧地减少，人口贫困的程度在不断地减小，但贫困问题仍是一个全球性的共有问题。

中国是世界上最大的发展中国家，贫困问题长期困扰着中国经济社会的持续健康发展。国家统计局在《关于中国农村贫困状态的评估和监测》中，按 100 元贫困线标准，确认 1978 年全国贫困规模为 2.5 亿人，占世界贫困人数总数的 1/4。随着农村商品经济规模的发展和要素配置的市场化，1985 年时的贫困人口规模徘徊在 1.25 亿人左右。1994 年，贫困人口规模降至 8 000 万。通过国家《八七扶贫攻坚计划》的实施，2000

① 世界银行. 2000/2001 年世界发展报告与贫困作斗争[M]. 北京：中国财政经济出版社，2001.

年，贫困人口规模减至3 000万，2004年降至2 610万。随着经济的发展和贫困标准的提升，贫困人口数量处于动态的变化之中。以2010年1 274元贫困线标准计算，当年贫困人口为2 688万人。2011年中央将2 300元作为新的国家扶贫标准，据中国科学院《2012中国可持续发展战略报告》推算，中国的贫困人口将上升至1.28亿，但也预示着更多的低收入人口因此受益。诚如世界银行组织所说，“中国政府为帮助最落后的农村地区摆脱贫困作出了极大的努力，这种努力比其他许多发展中国家所作的努力要成功得多”。但由于自然、历史、经济、社会等多种因素的相互交织、相互制约，中国农村贫困地区的贫困状况并未得到彻底的改观，一方面，剩下的贫困人口扶贫难度越来越大；另一方面，返贫率越来越高。特别是在一些老、少、边、高寒荒漠等地区，观念的落后，交通的制约，历史性贫困的存在，人口贫困的治理越来越艰巨，使得农村贫困人口的分布表现出强烈的区域性特征，绝大部分集中在中国中西部的12个连片贫困地区：内蒙古赤峰的努鲁尔虎山地区、陕北地区、甘肃中部地区、宁夏西海固地区、秦岭大巴山地区、武陵山地区、乌蒙山地区、横断山地区、滇东南地区、桂西北地区、九万大山地区和西藏地区。其中，重庆的万州、涪陵、黔江等一些贫困区县地跨秦岭大巴山地区和武陵山地区。这12个贫困片区涉及11个省、自治区和重庆直辖市，包含361个贫困县，贫困人口占全国贫困人口总数的62.8%。

除去农村贫困人口，20世纪90年代后，随着经济体制的转轨和企业经营机制的转变，城市贫困人口也在大量增加。但对于中国城市贫困人口的数量规模，由于统计口径上的差异，其结果也有所不同。1995年，国家统计局对城市居民的贫困面作了一个基本估计：贫困户为659万户，贫困居民约为2 428万人。中国社科院唐钧计算认为1997年中国城镇贫困人口大约为1 500万人，而胡鞍钢却提出1997年中国城镇贫困人口总数已达3 000万人。据国家民政部的调查，2000年中国城镇居民约有1 400万人的收入低于当地贫困线。2000—2001年，亚洲发展银行专家组进行了“中国城市贫困问题”课题研究，计算出中国的城市贫困人口为1 480万人。据中国社科院《中国城市发展报告》，截至2009年底，中国城镇人口总数约为6.2亿人，其中贫困人口约5 000万人，占城镇人口总数大约8%，并呈不断上升趋势。

贫困人口大面积的存在，除可能因地区经济发展失衡而引发一系列区域性或整体性社会政治问题外，从经济发展的角度上判断，势将以不断萎缩的资源供给和日益狭隘的市场容量反制于区域经济全局，从而对经济的长期稳定协调发展产生强烈的拖曳作用。在贫困人口相对集中的贫困地区，不仅与发达地区在收入水平、经济总量、发展速度、生产效率等方面存在较大差距，而且在思想观念、教育文化、素质特性等方面也存在着较大差异。这种差距伴随着经济社会的深入发展，区域间经济发展失衡和收入差距将进一步拉大，贫富“反差”将越来越明显，人口的相对贫困和区域发展差异将变得越来越突出。

三峡库区是中国最大的移民经济区，也是全国连片的贫困山区。三峡库区的两个区域属性，彰显出区域的两大特点：一是移民，一是贫困。因为移民，三峡库区的发展充满着机遇和活力；因为贫困，三峡库区的发展又布满着挑战和艰难。特别是当贫困与移民捆绑为一身时，移民的迁安致富就难上加难，三峡库区的社会经济发展就会因移民贫困而受到严重阻碍。

三峡库区动迁移民超过百万。从1992年至今，移民迁建取得了巨大成就。同时，移民贫困的形成和贫困移民的增多也引起了关注。移民贫困不仅包括移民迁后经济上的贫穷，也囊括着文化上的缺失、精神上的虚无、社会适应上的茫然等。贫困是多种因素作用的综合，是历史长期的积累。三峡库区的移民贫困有历史的原因，有区域的影响，有经济的损失，有教育的匮乏，有精神的因素。贫困移民的大量存在，已成为三峡库区经济社会是否可持续的发展瓶颈。

三峡库区的贫困解决，既要着眼于区域历史性、基础性和发展性贫困，更要关注人口贫困。除去移民这一特殊群体外，库区的残疾人贫困、老年人贫困、农民工边缘性贫困以及高寒地带人口贫困等都是贫困人口的重要组成部分，也是人口贫困需要研究解决的具体对象。鉴于资料的收集艰难和研究的复杂性，库区人口贫困的研究重点主要集中在贫困移民、贫困残疾人和贫困老年人三类群体。

人口是社会经济活动的主体，人口贫困必然加大社会经济的运行负荷与成本。综观国情，人口贫困已成为中国中西部区域实现经济社会可持续发展的障碍性因素。对于一个欠发达区域而言，消除人口贫困与可持续发展是一个整体或一个问题的两个方面。不消除人口贫困，区域就难以持续发展；不有效改善区域基础设施条件，提高人口素质，注重生态环境保护和资源的可持续利用，也不可能从根本上消除贫困。三峡库区因三峡工程形成一个独立的空间地理单元后，外界更多关注的是工程实体、人口迁移、生态环保、产业发展，而忽略了三峡库区作为中国西部的一个欠发达山区，有城乡贫困的存在，有区域发展中相对贫困的存在，更有不同人口贫困的存在。这在一定程度上说明，学术研究不能“顾此失彼”，在探讨宏观命题时，必须考虑微观个体的存在；在对区域问题解剖时，必须考虑相关问题的存在。

1.2 相关研究述评

贫困是一个世界性难题，也是人类面临的最严峻挑战之一。为此，联合国把每年的10月17日确定为“国际消除贫困日”。同时，贫困问题还是人口学、社会学、经济学、政治学等各类学者极力关注的热点命题。著名经济学家西奥多·W.舒尔茨曾恳切地希望从事经济学研究的学者们“在构筑自己的理论大厦时不要忘记给贫困问题留点地位”。

中国是一个发展中的大国，同时也是农业大国，与其他发展中国家一样，一直受到贫困问题的困扰，而我国和贫困作斗争的历史从新中国成立初期就开始了，但由于贫穷人口多、贫困地区广，也是一个发展中的弱国和穷国。自20世纪80年代后期穆光宗、王小强等涉足贫困有关问题以来，部分海内外经济学家和社会学家开始关注中国贫困的存在及影响，并在90年代形成了一批富有见地的理论成果。进入世纪之交，随着社会经济改革与发展的深入，人口相对贫困、城市贫困弱势群体、农村贫困、民族地区贫困、特殊贫困人群和区域贫困等问题逐渐成为人口与区域发展研究的热点。

关于贫困的概念及相关属性，国家统计局农调总队从经济上考察得出，贫困即个人或家庭依靠劳动所得和其他合法收入不能维持其基本的生存需求的一种经济状况。赵冬缓等人把贫困看成是人们在一定的环境条件下，长时间无法获得足够的劳动收入来维持一种生理上要求的、社会文化可接受的和社会公认的基本生活水准的状态。王培暄在研究中确认贫困是经济、社会、文化落后的总称，是由低收入造成的缺乏生活所需的基本物质和服务以及没有发展的机会和手段这样一种生活状况。陆远权通过移民过渡性贫困问题的研究，认为贫困是人们在生产生活、文化心理及精神需求方面的贫穷、匮乏和不适应等问题。洪朝辉从公民权利的角度将贫困定义为获得社会权力的机会和渠道不足。李嘉岩进一步坚持，贫困除经济上的贫穷、健康上的恶化、教育上的匮乏、精神上的虚无外，还应包括穷人面临的所不能控制的脆弱性风险。郭熙宝从宏观和微观层面上来理解贫困的概念。从宏观层面看,指的是整体的贫困;从微观层面看,指的是个人或家庭的贫困。王尚银指出贫困是一个极为复杂的概念,不仅包括物质(经济)概念,而且还包括精神(社会文化和心理)概念,涉及经济、社会、历史、文化、心理、生理等多方面的问题。马蔚云认为贫困是一个内涵十分广泛和深刻的社会历史范畴,其实质是一种能力贫困。黄海燕、王永平在研究中将贫困定义为由于缺乏必需的生产生活资料、发展机会、权利、能力等而导致某些个人、家庭、群体或区域的经济、社会和文化状况达不到该社会认可的最低标准。梁树广、黄继忠对贫困的概念从收入贫困、能力贫困和权利贫困三个层面来理解。宋伟进一步认为贫困实质上是指在一定的自然、经济、社会条件下,人们由于没有足够、持续的收入来维持生理上要求的和社会公认的生活水准的一种状态。

关于贫困的特征探讨,早期英国的朗特里(Rowntree)、美国的欧珊斯基(Orshansky)和托达罗(Todaro)等对此作出过研究。20 世纪 90 年代,国内学者李实、曹洪民、周民良、陈宗胜等分别就绝对贫困、相对贫困、城市贫困、区域性贫困等问题作出一定理论上的阐释与实证上的分析。王萍萍采用聚类方法将全国分为四类地区,并按照贫困分布、贫困人口规模,基本设施的拥有率,贫困人口的人力和资源禀赋等指标对不同类地区的不同贫困特征作出探讨。王卓、徐飞琼、刘贵平等则根据贫困本身的复杂性和社会发展在不同阶段的历史规律性,将中国农村贫困的基本特征归结为绝对贫困向相对贫困转变,绝对贫困和相对贫困共存;农村贫困与城市贫困共存;区域贫困与个体贫困共存;阶层性贫困开始形成;物质贫困与精神贫困并存。梅建明、秦颖认为中国城市贫困群体的特征集中表现为结构性、区域性和阶层性贫困并存,绝对数量较大;大部分居民属于相对贫困,但自救能力差,生活艰难;剥夺感强烈,群体意识强,隐含着不安定因素。姚雪萍从中国转型时期这一特殊背景出发,将其贫困特征总结为贫困群体的多元性;贫困问题的综合性;时间上的突发性;城乡交融性。马蔚云通过中俄的比较得出苏联和当代俄罗斯的人口贫困主要表现为收入贫困,中国则主要是知识贫困。黄海燕、王永平根据农村反贫困工作的深入和扶贫开发力度的不断加大,在此大背景下提出了农村贫困的新特征。张毅、张帆则进一步从民族地区的角度对贫困特征进行探讨。刘忠超、张宏博在贫困和贫困线定义理解的基础上,将贫困的特征归结为贫困具备多元性;贫困具备社会性;贫困具备相对性。刘义甫把中国贫困的特征归纳为相对贫困与绝对贫困共存,区域性和边缘性特征明显等。

关于贫困线与贫困度的确定,赵冬缓、兰徐民提出贫困线是衡量个人、家庭或某一地区贫困与否的界定标志或测定体系。古斯塔夫森等人针对城镇居民和农村居民之间住房补贴的差异以及不同地区之间消费物价指数的差异,就不同规模家庭在家庭消费方面的等值收入调整进行研究,以确定类别贫困的收入来源。向国春、朱静秋、阎正民将贫困线定义为能够维持基本生存的最低费用标准。该标准可依据“特困线、温饱线、发展线”制定。刘忠超、张宏博认为应当将贫困线细分为几个不同等级的阶段或者是标准,这也就意味着贫困线是一定时间、空间下的特定产物。它是一个相对的、动态、发展的概念,必须根据实际情况的变化随时作出相应的调整。王海英把贫困线阐述为“最低生活保障线”,即衡量贫困的标准。其主要用于确认贫困人口、贫困户和贫困地区,并在此基础上测算贫困率(贫困人口占总人口的比例)。蒋丽萍进一步指出贫困线是国家为救济社会成员因自然、社会、经济、生理和心理等方面原因收入中断难以维持基本生活而制定的社会救助标准。鉴于测量贫困线的方法颇多,如热量—支出法、基本需求法、恩格尔系数法、洛伦兹曲线、基尼系数、贫困发生率、贫困深度指数、市场菜篮法、国际贫困标准法、超必需品剔除法、总支出与总收入之比法、编制贫困指数法、经济计量分析法、收入与营养摄入量分析法等。张问敏、魏众提出依据年龄变化的可变贫困线来考察中国的贫困问题。阿齐兹 ·拉曼·卡恩等人建立测贫指标体系,如人头指数、成比例贫困距指数、加权贫困距指数则成为贫困研究中最常使用的指标。由于贫困线不是一成不变的,因此,王海英主张各国各地区应考虑该国该地区的实际情况,从地区差异,家庭成员在年龄、性别结构、富裕程度方面的特征,贫困原因三方面来制定贫困线并以此作为根据来测定贫困问题。王小林提出联合国开发计划署《人类发展报告》公布了基于 Sabina Alkire 等测量的多维贫困指数(MPI),拓展了人类发展理论对贫困的测量。所以可把全球广泛使用的测量贫困的标准归为三类:收入标准,人类发展指数,多维贫困指数。

对移民与贫困问题以及涉及三峡库区个案的研究,国内外基于不同的研究方法,以及从人口学、经济学、社会学、法学、史学等学科视野展开了较系统深入的研究。就国内专著而言,有葛剑雄等人的《中国移民史》六卷本;唐继锦等人的《中外水库移民比较研究》;施国庆的《水库移民系统规划理论与应用》;顾茂华等人的《水库移民遗留问题处理》;崔广平等人的《水库移民法律问题研究》等。在国外,对移民研究颇具影响的当推世界银行专家 Cemea 的《移民风险与经济模型重建》。在三峡库区移民和移民贫困问题研究上,20 世纪 80 年代,长江水利委员会组织专家研究提出了《长江三峡工程移民专题的论证报告》,就三峡库区的自然生态条件、工程建设的库区影响、移民的环境容量、库区的未来发展等问题作出分析和预测。进入 20 世纪 90 年代,随着三峡工程的正式上马,三峡库区的移民与发展备受关注,一些学者纷纷展开不同学理探索。据不完全统计,2000—2012 年间相关论文达到 860 多篇,其中移民研究的约占 360 篇,库区经济社会发展的约占 500 篇。涉及三峡移民与库区发展的专著有朱农的《三峡工程移民与库区发展研究》;周万钧等的《长江三峡经济开放区发展研究》;伍新木等的《跨世纪的迁徙》;王钟等的《三峡库区生态经济发展战略研究》;雷亨顺的《中国三峡移民》;熊建立的《走进三峡腹地》;徐素环的《三峡库区移民就业研究》;王冰等的《三峡库区协调与可持续发展研究》;甘宇平的《三峡工程重庆库区二期移民的实践与探索》;李炯光的《三峡库区经济发展研究》等。这些论著广泛研究了三峡移民和库区经济发展中的诸多问题,如移民研究涉及移民环境容量、开发性移民内涵、移民安置模式选择、移民就业心态、移民社会性适应及移民政策等内容;库区发展研究涉及工程建设的库区影响、三峡库区的产业发展、移民搬迁与产业结构调整、经济发展与生态环境保护、三峡库区生态经济区建设以及农村劳动力转移、工业园区布局、循环经济发展等方面。上述移民与区域发展问题的研究及展现的学术成果,不仅丰富了三峡移民和库区发展的研究内容,更为笔者选择移民贫困与区域可持续发展提供了研究借鉴和学术视角。目前,就贫困研究而言,研究贫困理论的较多,研究贫困人口的较多,研究绝对贫困的较多;对应之下,实证研究的较少,特殊群体贫困研究的较少,相对贫困研究的较少,整体上呈现“三多三少”的趋势。三峡移民是一个因三峡工程而产生的特殊群体,一些移民因自然、历史、经济、社会、自身等因素影响,在迁后一段时间甚至更长的阶段内陷入贫困或重返贫困是必然的。但三峡移民中的贫困问题研究因政治层面因素及研究者自身风险(调查难度)的评判,时至今日可以说仍是一片空白。目前见诸文字的仅有笔者 2002 年在《人口与经济》上发表的《浅析三峡库区移民过渡期的贫困问题》和俞欣后来的《三峡移民贫困化风险与经济重建分析》,更不用说从人口与社会经济互动的角度把移民贫困与三峡库区的可持续发展结合起来研究了。本文立足于贫困经济学和人口社会学等理论,以三峡库区农村移民作为特定分析对象,从移民贫困对区域社会经济发展的影响中,寻求破解推进区域可持续发展的人口脱贫之策。

1.3 研究方法与结构框架

在研究方法上,注重规范与实证、定性与定量、调研与文献等方法的统一;运用人口学、经济学、社会学、教育学、心理学等学科理论知识,全方位、多维度地加以剖析;基于贫困理论,以人口贫困作为切入点,并以三峡库区为个案,探讨人口贫困对区域社会经济可持续发展的影响,进而反证区域贫困一定程度上加大人口贫困的风险,在此基础上提出促进区域可持续发展的人口脱贫对策。

报告共八章:

第1章主要是提出问题,述评相关研究,确认研究方法与手段。围绕贫困是一个世界性问题,更是一个欠发达地区的发展中问题,指出贫困不仅影响着区域发展,更影响着生活质量,而且主要集中在非洲、南亚和东亚等一些国家和地区。但与此同时,扶贫治理也从未停歇,并在中国取得了相当大的成绩。基于人口贫困与区域可持续发展的相关性,把三峡库区作为一个地理单元进行实证分析,从而导引出三峡库区的人口贫困效应。

第2章主要是理论基础与相关概念界定。罗列了马克思、马尔萨斯、纳克斯、缪尔达尔等贫困理论,阐释了贫困的内容、分类及特征,介绍了贫困线及贫困程度的测量依据。借鉴了索维的人口适度规模理论、舒尔茨的人力资本投资理论、托达罗的人口流动模型等为反贫困人口学理论。从理论和实践两个方面梳理了可持续发展的内涵和发展,界定了人口贫困、贫困化、三峡库区(重庆)等相关概念。

第3章主要是人口贫困与区域发展的关系及机理。通过厘清人口与经济和社会发展的关系,重点探究贫困与区域经济社会发展的内在关系及机理,进而明晰人口贫困对区域可持续发展的影响,为后续章节三峡库区的实证研究提供观点指导与支撑。

第4章主要是三峡库区的人口现状与贫困特征。通过对三峡库区人口的规模、结构、分布以及贫困人口比例及构成等现状描述,弄清楚三峡库区的人口贫困规模、贫困状态和贫困分布,并放眼到重庆大区域的贫困状态特征背景下,总结出三峡库区的人口贫困特征和潜在贫困化风险。

第5章主要是三峡库区人口贫困调查分析。在对调查方法和过程说明的基础上,分门别类地对三峡库区贫困人口的状况进行统计分析。重点分析了库区移民贫困、残疾人贫困和老年人贫困的状态、特征及成因。三峡库区存在区域性贫困、历史性贫困和发展性贫困,存在人口的经济贫困和文化贫困,且女性贫困重于男性贫困等。

第6章主要是人口贫困与三峡库区经济社会发展。全面分析三峡库区近年来的经济与社会发展现状,贫困人口有其独特的思维方式和行为方式,其自发性消费、失业、知识匮乏等阻滞着区域经济的长期稳定增长。大量贫困人口的存在,也对社会安全稳定构成巨大威胁,增大社会运行成本和治理难度,在一定程度上折损经济与社会发展的成果。

第7章主要是人口贫困与三峡库区人力资源开发。人口贫困在很大程度上受制于自身素质。而人口素质的提高,重在人力资源开发。探讨了人口素质与脱贫致富的关系,分析了三峡库区人力资源的质量特征,提出了加快移民教育开发的脱贫路径。

第8章主要是区域可持续发展中的反贫困对策。围绕区域的可持续发展,从观念更新、发展经济、就业开发、完善保障四个方面提出区域反贫困必须坚持的原则与策略。针对人口贫困,建议完善相关的贫困扶助规划与措施,建立贫困监测系统,强化政府责任,实施科技扶贫与人文扶贫结合。

2　理论基础与相关概念界定

2.1　贫困理论的研究发展

贫困作为特定的社会经济现象为人们所重视,且被纳入理论研究的领域,其历史并不悠久。大约从16世纪开始,空想社会主义者从改造人类社会,建立一个理性和永恒正义的理想社会出发,尖锐地抨击资本主义制度的各种弊病和祸害,贫困作为资本主义制度违反理性原则的集中表现,成为空想社会主义理论体系的研究内容。贫困问题真正作为一个社会经济问题提出来是在18世纪以后。由于生产力水平的提高,社会剩余产品不断增加,收入贫富分化越来越大,这时贫困现象开始引起人们的注意,贫困问题开始成为人们研究的基本课题并被社会所重视。

1.马克思主义的贫困理论

空想社会主义对贫困的研究是从政治变革的立场出发,除了对早期资本主义社会贫困现象进行归纳和较为详细的描述外,对贫困问题本身并没有实质性的研究,贫困是作为结果而不是作为主题来讨论的。在空想社会主义理论基础上,发展形成马克思主义的贫困理论。经典作家从分析资本主义的生产过程出发,揭示了资本主义的经济运行规律,得出关于无产阶级贫困化的结论。这一理论揭示了资本主义制度下无产阶级贫困化的根源和无产阶级贫困化增长的趋势,同时也指明了无产阶级摆脱贫困命运的根本出路是消灭雇佣劳动制度。

马克思主义的贫困理论主要从早期资本主义国家贫困对象入手,重点在于用贫困现象去说明、论证、阐明其政治主张，并没有从研究贫困本身来解释贫困产生的根源。我们所指的贫困理论，主要从生产力角度，而不是生产关系的角度对贫困进行研究；是把贫困作为一种社会经济现象，而不是主要作为一种政治经济现象进行研究。马克思主义经典作家的贫困理论对我们今天研究贫困理论有一定的参考价值，尤其是马克思主义的基本立场、观点和方法，是指导我们进行贫困研究的重要参照，但其基本主题与我们今天贫困理论的基本主题不同。因此，应吸收其基本立场、观点和方法，将其作为整个贫困研究的理论背景。

2. 马尔萨斯的贫困理论

人们将研究贫困问题的视角转移到经济意义上来，最初认为贫困是收入不能维持基本生活需要的一种状况。后来，对贫困的考察从贫困现象本身的界定扩展到贫困的成因，认为贫困在于物质再生产满足不了越来越多的人口增长所引起的消费增长。18 世纪末，英国资产阶级庸俗政治经济学家马尔萨斯提出了人口增长是导致贫困和罪恶的根源。这一理论在本书的“马尔萨斯人口陷阱”中有详细论述。

3. 纳克斯的贫困理论

第二次世界大战后，关于发展中国家这种国家层次贫困问题的研究，是贫困理论发展的一个新的领域和突出特点。在此之前，贫困理论都是以西方国家贫困为研究对象，而战后，发展中国家的贫困成为贫困研究的主旋律。1953 年，美国哥伦比亚大学教授纳克斯在《不发达国家的资本形成问题》中提出，发展中国家之所以存在着长期的贫困，是因为经济中存在着若干互相联系、互相作用的“恶性循环系列”。其中，最主要的一个恶性循环是“贫困的恶性循环”。

可以分别从供给和需求两个方面来分析“贫困的恶性循环”。从供给方面看，由于发展中国家经济落后、收入水平低，有限的收入绝大部分要用于满足基本生活消费需要，所以能用于储蓄的部分有限，导致生产规模难以扩大，生产效率难以提高。低生产能力导致低产出，低产出又造成低收入。从需求方面看，由于发展中国家经济落后、收入水平低，人们的消费水平和购买力必然也低，市场需求十分有限，因而投资机会少，导致资本形成不足，限制了生产规模的扩大和生产率的提高，造成低产出和低收入。供给和需求两方面的“贫困的恶性循环”紧紧捆绑在一起，构成一个死循环。

“贫困的恶性循环”理论提出以后，受到了不少批评。一些学者认为，发展阶段中国家储蓄率低并不仅仅是由于收入水平低，还由于社会、政治和其他制度方面缺乏鼓励人们储蓄和把储蓄用于生产性投资的刺激因素。而且,即使有了足够的储蓄和资本形成,如果没有有效的劳动力、管理、技术、企业家精神等要素的配合,经济增长也会受到限制。所以,单靠增加储蓄和加大投资还不足以促进经济的增长。此外,纳克斯把个人储蓄作为储蓄的唯一来源,忽视了企业储蓄和政府储蓄的作用,低估了发展中国家的储蓄能力。事实上,一些低收入发展中国家具有很大的潜在储蓄能力,很多国家能够在非常时期动用政府的力量迅速集中起大量的资金。通过直接投资、贷款和援助等形式,国外储蓄也可以成为国内投资的来源。

4.缪尔达尔的贫困理论

在研究贫困问题的当代西方著名学者中,具有代表性、影响较大、学术著作颇丰的缪尔达尔可以算是一位。早期作为瑞典学派的创始人之一,他致力于货币均衡和经济波动理论方面的研究,特别是用动态分析方法研究货币均衡理论;之后转向制度经济学研究,成为新制度主义的代表人物,着重从社会平等角度研究经济发展问题。1957年缪尔达尔提出"循环积累因果关系"的理论。在他看来,发展中国家的贫困绝非纯粹的经济现象,而是政治、经济与文化等因素综合作用的结果,因而必须采用制度的、整体的、动态的方法来研究经济发展问题。

缪尔达尔认为,社会经济的变动并不是新古典主义者所说的那样,是由单一的或少数的因素决定的,而是由技术进步、社会、经济、政治、文化和传统等多种因素决定的。经济发展绝不只是单纯的产出增长,而是整个社会方方面面的变化,其中主要涉及产出与收入、生产条件、生活水平、态度、制度和政策等因素。在动态的社会经济发展过程中,各种因素是互相联系、互相影响、互为因果的,并呈现出一种"循环积累"的变化态势,即一个因素发生变化会引起另一个因素发生相应的变化,并强化先前的因素,使经济沿着原先因素的发展方向发展。

缪尔达尔指出,发展中国家的人均收入水平很低导致贫困,生活水平低导致营养不良、卫生保健条件差、文化教育落后。其结果是人口质量低、劳动力素质低和劳动生产效率低,从而使产出增长停滞,甚至衰退。低产出又造成低收入,低收入又使贫困进一步恶化。就这样,发展中国家在低收入和贫困所构成的循环积累的困境中越陷越深。他强调,在发展中国家的低收入与贫困的循环积累因果关系中,包含着经济、政治和制度等诸多方面的因素,其中最重要的因素是资本形成不足和收入分配不平等。应当通过权利关系、土地关系以及教育体制等方面的改革,使收入趋于平等,增加贫困人口的消费,从而提高投资引诱并增加储蓄,以促使资本形成,提高产出水平和生产率,提高人均收入水平。这样,发展中国家将从低收入和贫困的循环积累的困境中摆脱出来,进入一个良性循环积累因果运动过程。

5. 其他贫困理论的研究

20 世纪 70 年代以后,西方经济发展理论主流派对贫困发展理论问题的基本立场没有变,贫困发展理论的变化来自一些从发展中国家实际出发,立足维护民族利益,对自己国家贫困根源积极进行探索的发展中国家的经济学家(当然还包括一些激进的西方学者)。他们对从"比较成本学说"出发,主张利用与发达国家的差距来推动发展中国家经济发展的传统经济发展观提出尖锐批评,认为这种理论有意无意掩盖了发达国家对发展中国家的剥削,发展中国家长期贫困落后的根源正是体现和维护这种剥削关系的不平等的国际经济体系。其代表的理论主要是"中心外围论"和"依附论"。

"中心外围论"认为,拉丁美洲等发展中国家贫困的根源,在于处于"中心"的国家和处于"外围"的国家之间经济关系上的不平等,以及前者对后者的霸权和剥削。发达国家以政治权利为后盾的技术和经济优势,使其成为国际经济关系的霸权中心,而发展中国家只能处于这种国际经济关系的外围,依附于处于中心的发达国家。因而,发展中国家摆脱贫困的根本途径在于实现工业化,同时必须改变"中心"和"外围"国家的国际经济和贸易关系,发展与"外围"国家之间的平等经济合作。

"依附论"认为,发展中国家贫困落后的根源是由于"外围"国家在世界经济体系中的地位决定的,"拉美国家并非贫困造成依附,而是依附造成贫困",这是依附论最为基本和核心的观点。这与"中心外围论"将贫困落后视为领队原因的理论见解不同。依附论对"中心外围论"主张把发展中国家结合在资本主义世界体系中,通过进口替代来改变自己的产业结构,并通过迫使"中心"国家在经济和贸易中让步来求得发展的设想提出批评,认为只有彻底打破对发达国家的依附,发展中国家才能真正求得发展,摆脱贫困。

2.2 反贫困的人口学理论及观点

造成贫困的原因有政治的、经济的、制度的、人口的、区位的、历史的、生态环境的等。它们不仅单方面形成贫困而且互相作用、互相影响最终形成复杂的贫困问题。贫困地区的人口问题是各个贫困地区致贫的共性因素之一,而且人口与贫困的关联已有好几百年的历史。不论是把人口作为一个影响因素,还是把人口数量、质量和结构作为一个有机的统一体来研究,可以肯定的是:人口发展与区域物质生产条件和自然生态环境的承载能力不相协调时一定会阻碍经济发展和社会进步,形成贫困问题。国外人口学家里夫兰德、托马斯、马尔萨斯和皮柯克等已就此作过大量阐述。例如,马尔萨斯的人口陷阱理论认为,穷困地区除非预防抑制(出生控制)区域人口增长,否则,区域人均收入水平很难提高到仅能维持生存的水平之上。皮柯克在预先前提设定下,认为人口与经济变量存在三种函数关系:即人口是人均产量(=总产量/总人口)的增函数;劳动供给是人口规模的增函数;对应于固定的土地和资本,劳动量增长到一定点后,劳动的边际生产力和平均生产力全部降低。人口的增长必然把人均产量压低到维持生存的水平。

在人口学的贫困理论中,比较典型的还有人口贫困周期理论和家庭多育贫困模型。人口贫困周期理论把人口的迅速增长看作是经济发展的阻碍因素。该理论认为人口的迅速增长阻碍了人均收入与储蓄;当人口增长超过工业劳动力吸纳时,会恶化城乡失业状况,并造成生产率下降。只有较高的人口增长与较高的储蓄率、投资率和技术增长率相适应时才不至于降低人均收入水平,否则人均收入水平将下降,最终使较多的贫困人口增长。家庭多育贫困模型把家庭作为一个决策单位来研究随着孩子数量增加对家庭经济的影响。该理论认为一个家庭在技术、管理和家庭最大效用都不发生变化的情况下,如果增加对健康孩子的消费,势必影响家庭对其他商品和服务的消费,从而使物质产品消费不足产生家庭贫困。

有了贫困,就有反贫困。反贫困的人口学理论建立在贫困的人口学理论基础之上。它从人口学的数量和质量角度注重反贫困的实践性和操作性。索维的人口适度规模理论从人口数量与经济的协调发展角度来缓解贫困;舒尔茨的人力资本投资的反贫困理论则从人口素质特别是人口文化素质的不断提高来摆脱贫困。

1. 索维的人口适度规模理论

所谓适度人口,即是指一个以最令人满意的方式达到某种特定目标的人口。索维提出了 9 项目标:①个人福利;②增加财富;③就业;④实力;⑤健康长寿;⑥文化知识;⑦福利总和;⑧寿命总和,即人口数与人口平均寿命的乘积；⑨居民人数。但索维论述的适度人口的重心仍然是经济目标。经济适度人口规模可以分为静态和动态的两种。静态的经济适度人口，是指在其他条件均相同时，在某一定点及其特殊条件下，达到有关经济目标时最适宜和最有利的人口规模。他强调了技术进步和劳动生产率等条件的不变性，即静态性。动态的经济适度人口，是指在一定时期内，对于有关假定的经济目标来说，人口数量或人口密度的变动时最适宜的或最有力的。把技术进步和生产率提高结合到适度人口分析是动态人口适度规模分析的一个特点。传统观点认为，技术进步会使从经济上确定的适度人口规模相对缩小。事实上，技术进步的类型不同会产生不同的影响。

粗放型的技术进步，势必使适度人口减少。例如，就耕种一块土地来说，工具的改进或生产组织的改进，能使耕种该块土地的人数减少，在同样土地面积上，用较少的人耕种可获得同样多产量。而集约型的技术进步可使适度人口数量提高。如由于技术改进，用较少的原料和工时可以生产同样多的产品，或者由于工具的改进，同样工时和原料制造出更好的、耐用的、更受欢迎的产品。由于产品产量增加了，因而能养活的人更多了，从而使适度人口数量增加。

2. 舒尔茨的人力资本投资理论

人力资本理论是20世纪60年代在西方经济中迅速发展起来的一种经济理论，主要探讨人力资本的基本特征、形成过程和人力资本的成本与效益。1960年，美国芝加哥大学教授西奥多·W. 舒尔茨(Theodore W. Schultz)在美国经济学会发表《人力资本投资——一个经济的观点》的著名演说，首次提出了“人力资本”这一概念，并建议把对儿童和劳动者收入的过程看成是资本的积累过程。1962年舒尔茨出版了《教育经济价值》一书，阐述了人力投资的成本及教育经济效益的核算，从而完整地创立了人力资本理论。人力资本理论的产生，不仅极大地丰富了当代西方经济学发展的内涵，而且对于近30年来世界工业化国家的经济发展尤其是发展中国家反贫困战略的实践产生了广泛而深远的影响。

舒尔茨教授在长期的农业经济问题研究中发现，从20世纪50年代起，促使美国农业生产产量迅速增加和农业生产率提高的重要原因已不是土地、人口数量或资本存量的增加，而是人的能力和技术水平的提高。他指出，传统的经济理论认为经济增长必须依赖于物质资本和劳动力的增加的观点已无法解释今天的事实，对于现代经济来说，人的知识、能力、健康等人力资本的提高，对于经济增长的贡献远比物资资本、劳动力数量的增加更重要。他进一步指出，在传统的经济理论中，资本实际上仅仅是指处于生产过程中的厂房、机械设备、原材料和燃料等多种物质生产要素的数量和质量，这样的资本概念是不完整的，对于经济发展来说，仅仅看物资资本的形成是不够的，唯一有效的利用可以得到的资本和技术，还必须充分注意对于吸收能力具有决定意义的人力资本的形成。在此基础上，舒尔茨试图建立包括人力资本和物质资本的全面资本概念，他认为，物资资本是体现在物质产品上的，人力资本是体现在劳动者身上的。人力资本包括量与质两个方面，量是指社会中从事现有工作的人数及百分比，质是指技艺、知识、熟练程度与其他类似可以影响人从事生产性工作能力的东西。舒尔茨具体论述人力资本的主要内容，包括：保健设备和服务的各种开支，在职训练；正规的初等、中等、高等教育的支出；非厂商组织成人教育训练，特别是包括农村的推广教育，也是人力资本投资的一些内容；用于劳动力国内流动的支出；用于移民入境的支出；提高企业能力的投资，等等。在上述人力资本的投资中，舒尔茨特别强调了教育投资在人力资本形成中的作用，舒尔茨认为教育投资是一种重要的生产性投资，教育活动是隐藏在人体内部的能使人的能力得以增长的一种生产活动，教育不是一种消费活动，相反，政府和私人有意识的投资，为的是获得一种具有生产能力的潜力，它蕴藏在人体内，会在将来作出贡献。

在现代经济生活中，支撑着高生产率的乃是人力资本，处于现代经济生活中的人力资本起作用无疑比物质资本重要得多。当舒尔茨用这一思想来考察贫困国家经济的时候，便得出了同传统经济理论完全不同的结论，他认为贫困国家的经济之所以落后，其根本原因不在于物质资本的短缺而在于人力资本的匮乏和自身对人力资本投资的过分轻视。他尖锐地指出："在发展中国家里，低估人力投资的情况更为严重，人力投资更加受到人们的忽视，这是许多此类国家领导人和代表人物所固有的思想倾向。我们的经济增长理论教条的输出已对此起到作用，而这些教条总是把物质资本的形成置于突出的地位，以为人力资源的过剩是理所当然的事。炼钢厂成为工业化的标志。"在 20 世纪五六十年代盛行的发展经济学有着这样一种观点，即认为发展中国家只要提高国民的储蓄率和投资率，并引进外国资本、输入西方科学技术和采取物质资本投资优先发展政策就能够获得经济的快速发展。事与愿违，发展中国家的一些发展事实并不令人满意，这是因为人力资本没有与物质资本保持齐头并进时，会变成经济增长的制约因素。人口质量的改进在很大程度上是由教育造成的，发展教育事业对发展中国家的人力资本形成、经济结构的转变和经济持续发展具有重要意义。

舒尔茨对教育的经济效益计算，特别是国民收入中教育贡献所占的比例，作为衡量社会经济效益的指标具有相当广泛的意义。舒尔茨对经济学的主要贡献在于通过人力资本理论的阐述，彻底扭转了直至20世纪50年代末还流行于经济学界的以物质投资为中心的经济理论，把包括教育投资和健康投资在内的、旨在提高人口素质的投资看成是生产性投资，并在经济发展中产生远比物质资本和劳动力数量增加更为重要的作用，他以独特的视角对经济发展动力作出了全面的解释，并非常明确地表示，在经济的发展过程中，资本积累的重点应从物质转移到人力资本。当然，要十分准确地计算教育对经济增长的贡献是十分困难的，因为它不如物质资本投资那样便于精确核算，舒尔茨指出：估计与教育有关的收益和估计教育机构对经济增长的其他贡献虽然确实困难，但与教育不完全是消费而主要是对经济增长作巨大的贡献的投资这个再发现相比，其重要程度则是属于第二位的。

3. 托达罗人口流动模型

20世纪六七十年代许多发展中国家，一边是城市失业或就业容量不足，一边是农村人口大规模地向城市地区流动。这种看似相互矛盾的关系，被托达罗的人口流动模型得以解释。

托达罗人口流动模型首先假定，人口流动主要是一种经济现象，对一个迁移者来说，尽管城市存在着失业，但他作出向城市迁移的决策仍然是合乎理性的。托达罗模型认为，人口流动过程是对城乡预期收入差异而不是实际收入差异作出的反应。它的基本前提是，迁移者可以考虑在农村和城市部门中他们能在各种劳动力市场获得的就业机会，从中选择一个通过迁移者能使他们的预期收入最大化的机会。预期收入是按照城乡工作之间的实际收入差异和一个新迁移者获得一份城市工作的可能性来衡量的。

事实上，这个理论假定，一个现实的或潜在的劳动力把他在一定时间内城市部门的预期收入（即迁移的收益和成本之间的差额）同当时农村普遍的平均收入相比较，如果前者高于后者，那么他就会迁移到城市。按照比较常用人口流动经济模型，由于它只强调收入差异因素是人口流动决策的决定因素，因此它会认为在这种情况下的明确选择就是：迁移者应当寻求报酬较高的城市工作。然而，有必要认识到，这种人口流动模型基本上是在先进的工业经济背景下发展起来的，因而就隐含地假定了在这些国家存在充分就业或近似的充分就业。在充分就业的情况下，迁移决策只是单纯地依据能否获得最高报酬的工作愿望，而不管它在什么地方实现。因此，根据一般的经济学理论，这种人口流动无论在迁出的地区还是在迁入的地区，都将会在劳动力供求因素的作用下，导致城乡工资差异的缩小。

概括地说，托达罗人口流动模型主要包括以下几点内容。①相对收益和成本是托达罗人口流动模型的理性经济因素，同时这里也包含着流动人口的一种心理预期因素。②迁移者决策决定于他对城乡工资差异的一种预期，这种预期的差异是由实际的城乡工资差异和在城市部门成功地获得就业机会的概率这两个变量之间的相互作用决定的。③获得城市就业机会的概率与城市就业率呈正比，而与城市事业率呈反比。④流动率超过城市工作机会的增长率不仅是可能的，而且是合理的。即使在城乡预期收入差异很大的条件下，情况也是如此。因此，在大多数不发达地区，城市的高失业率是城乡经济机会严重不平衡的必然结果。

尽管托达罗人口流动模型似乎把城市人口流动描述为一种调节机制，通过这种机制，劳动者在城乡劳动力市场上自行配置，从而低估了城乡人口流动的重要性，但这一理论确实对有关工资和收入、农村发展和工业化的发展战略具有重要的政策意义。

摆脱贫困、寻求发展是当今世界共同面临的严峻挑战和必须解决的重大人类课题。西方发展经济学关于反贫困人口理论与模式的提出，首先基于发展经济学家对发展中国家贫困的人口根源的探索和贫困人口问题的表述。这些贫困人口理论的重要结论认为，经济发展缓慢或停滞不前、人均收入水平低下、资本形成不充分是发展中国家贫困的原因，而经济发展缓慢、人均收入水平低下的人口原因在于人口数量与经济社会发展水平不协调和人力资本投资不足。因此，反贫困人口理论也就从人口的数量和人口的质量两个方面来论述反贫困的人口战略，但很少有人基于贫困地区可持续发展的角度来构筑特殊人群的反贫困理论与实践建设。

2.3 可持续发展理论与实践

“地大物博，人口众多”，曾是国人对国情的自豪评语。但随着城市化的快速推进和经济的快速发展，中国成了“地不大，物不博，只剩下人口众多”的一个资源紧缺、环境污染严重的国家。面对种种环境问题，发展模式的选择是当务之急。一方面，对发展中国家来说，停止经济增长是不现实的，停止或减缓经济增长都可能意味着被剥夺摆脱贫困的机会。另一方面，为达到人口、资源和环境的协调发展，可持续发展的理念应运而生，强调经济增长与资源环境保护的良性互动，强调以人为中心的生活质量的全面提高。

2.3.1 可持续发展理论的形成

1972 年联合国环境会议第一次提出了“可持续发展”一词。1974 年布加勒斯特会议通过的《世界人口行动》报告指出，人口和发展彼此相关，人口变数影响发展变数但同时也受发展变数的影响，并在世界范围内建立起“人口问题的本质是发展问题”的共识。1987 年世界环境与发展委员会会议在日本东京召开，由挪威前首相布伦特兰夫人领导的 21 个国家的环境与发展问题专家组成的专家组向大会提交了著名的报告——《我们共同的未来》。专家组认为，一个经济发展的时代必须立足于使环境资源得以持续和发展的政策。越来越多的贫困化及环境恶化的发展将难以满足下一世纪的需要，人类社会需要有一条新的发展道路，不是一条仅能在若干年内在若干地方支持人类进步的道路，而是一条到遥远的未来都能支持全球人类进步的道路。《我们共同的未来》提出了可持续发展的经典定义：“既满足当代人的需求，又不损害子孙后代满足其需求能力的发展。”①

1989 年美国学者戴里认为，《我们共同的未来》给出的定义未说明当代人需要和后代人需要的内涵与界限以及最优配置与最优规模的区别，缺乏可操作性，建议补充：人口规模应限制在至少不超过负载能力；技术进步应当使效益增加而不是废料增加；尽量开发可再生资源，对资源的消耗不应超过环境的再生能力；非再生资源的开发率应等同于其可再生的替代物的创造率。1992 年巴西里约热内卢世界环境与发展大会宣言指出：“为了实现可持续发展，使所有人都能享有较高的生活素质，各国应当减少和消除不能持续的生产和消费状态，并推行适当的人口政策，以便满足当代的需要而又不影响后代自身需要的能力。”同时还特别强调，缩小世界范围内的贫富差距，各国政府在根除贫困问题上进行合作是实现可持续发展的绝对必要的条件。

① 世界环境与发展委员会. 我们共同的未来[M]. 北京：世界知识出版社，1987.

1994 年中国政府公布了《中国 21 世纪议程——中国 21 世纪人口、环境与发展白皮书》,在其导言中对可持续发展作出这样的诠释:“可持续发展对于发达国家和发展中国家同样是必要的战略选择,但是对于像中国这样的发展中国家,可持续发展的前提是发展。”1994 年联合国人口与发展大会报告进一步指出:“可持续发展意味着关系到所有经济活动,包括工业、能源、农业、林业、渔业、运输、旅游和基础设施的生产和消费能长期地持续下去,以无害生态的方式最佳地利用资源,尽量减少产生废物。”

针对可持续发展,存在不同的学理解释。有认为可持续发展的核心是人口持续地生存和发展;有认为可持续发展是社会的可持续发展,是社会的不断进步;有认为可持续发展是经济的可持续发展,是一种有别于传统发展模式的新发展模式。这些观点虽各有强调,但基本共识有以下几个方面:①可持续发展是一种战略思想,其核心是人口可持续发展。1992 年联合国《里约热内卢环境与发展宣言》第一条原则就是:“人类处于普遍受关注的可持续发展的中心。”1994 年开罗国际人口与发展大会通过的行动纲领也在第二章第二条原则中强调——“可持续发展问题的中心是人。人有权顺应自然,过健康和生产性的生活。人民是任何国家拥有的最重要和最宝贵的资源。”强调发展是首先满足当代人的需求,包括当代人的生存、享受与发展需要。同时人的发展还包括了人与自然生态环境的协调。②可持续发展战略强调代际间的关系,强调满足当代人需要的同时要着眼于下一代人。当代人的需求满足不能危害到子孙后代的生存和发展需求。应当建立包括环境质量和资源状况在内的指标体系,形成人类对发展的“理性”关注,使人类进入负责任的时代,开始人口代际间的“公平”发展。③可持续发展战略必须两条腿走路,既改变传统的发展模式又要减缓人口增长。改变传统发展模式意味着所有经济活动,包括工业、能源、农业、林业、渔业、运输、旅游和基础设施要以无害生态的方式利用资源,尽量减少废物产生。同时减缓人口增长速度,由此减少消费量。④可持续发展战略强调人口质量与经济技术进步,提高人口的身体素质和文化素质既是社会主义经济发展的需要,又是减少人口增长的前提。⑤可持续发展战略强调人口结构与经济结构的协调发展,它要求劳动适龄人口与就业手段、就业结构的协调发展;人口年龄结构老龄化与养老保障事业的协调发展;人口分布与产业结构、生产力布局的协调发展。⑥可持续发展战略强调社会公平、公正的制度建设,建立消除贫困与公平分配的制度,消除财富的过分集中和贫困人口。

踏入 21 世纪,在全球化背景下,环境对经济社会的影响进一步加深,国际间的可持续发展交流合作也日益密切。2012 年 6 月，八国集团和 11 个重要新兴工业国家及欧盟再度聚首巴西里约热内卢，召开了“里约 + 20”联合国可持续发展会议，经多方商榷，出台了《我们期望的未来》(*The Future We Want*)这一未来世界可持续发展的指导性文件。此次峰会就未来的可持续发展作出新的决定：①启动可持续发展目标谈判进程，对 2015 年后世界可持续发展议程的确定具有重要的指导价值。②肯定绿色经济是实现可持续发展的重要手段之一，并对“绿色经济”的外围概念进行了必要界定。③就可持续发展治理机制改革作出新安排。建立高级别政治论坛(High_Level Political Forum)，取代现有的联合国可持续发展委员会(CSD)。此外，峰会通过了关于可持续消费和生产方式的 10 年方案，明确提出了海洋、能源、消除贫困、小岛屿发展中国家、可持续农业等 25 个应重点关注的主题领域或跨部门问题等。

归纳上述观点与共识，可持续发展是一种新的发展观，它的目标是保证社会具有长期持续发展的能力。可持续发展的重要内容有：发展的内涵既包括经济发展也包括社会发展和良好的生态环境建设；自然资源的永续利用是保障社会经济可持续发展的物质基础，自然生态环境是人类生存和社会经济发展的物质基础，可持续发展就是谋求实现社会经济与环境协调发展和维持新的平衡；控制人口增长与消除贫困是保护生态环境密切相关的重大问题，要重新确立人与自然之间、各代人之间的关系。可持续发展强调社会发展并非是单纯的经济现象，不仅是经济指标的增长，更是经济、社会、人口、资源、环境各系统各要素协调并进的整体发展以及人的全面发展。其中，人是发展的核心和目标，其他方面的发展都是为人的发展和协调人、自然与社会关系的服务手段。

可持续发展的出发点是要努力寻求一条人口、经济、社会、资源和环境相互协调发展的道路。可持续发展的核心是发展，不能停止经济发展片面追求环境的保护，但也要避免借发展扩大资源的消费以增加经济的总量。可持续发展的本质是正确处理人类与自然的关系问题，在人与自然的关系中，人是能动的一方，努力提高国民的人力资本投资水平和国民的资源环境保护意识，对于可持续发展战略的实施具有重要的现实意义。可持续发展理论是发展和持续的统一，是经济增长和资源环境合理利用与保护的统一。发展经济可消除贫困，提高生活质量，注重资源和生态的保护是经济社会长久发展的环境支撑和永恒前提。

2.3.2 可持续发展理论的实践

从 20 世纪中期开始，人类在改善与自然环境的关系时，采取了诸多实际行动。首先是绿色革命，以改进农产品品种来增加粮食生产。接着是环境运动，又称生态运动，唤醒公众对资源消费与环境污染问题的关注。再就是舒马赫的替代技术，强调以"简单、廉价、小巧和无害"的技术替代那些复杂、昂贵和有害的技术。最后是稳态经济模式的出现，强调人口与人工产品总量的恒定保持，限制人口数量、人工产品数量以及产品分配的不公平程度。

1992 年在巴西里约热内卢召开的联合国环境与发展大会，达成了一系列有关全球可持续发展的共识，并通过了行动纲领。会议通过了关于环境与发展的《里约热内卢宣言》《21 世纪议程》《关于森林问题的原则声明》等重要文件，并签署了联合国《生物多样性公约》和《气候变化框架公约》。这次大会不仅充分体现了当今社会可持续发展的战略思想，更重要的是把可持续发展理论推向了具体行动。各国在相应方面不仅达成了共识，而且还作出了行动承诺：既要限制当代科技的盲目发展，还要满足包括穷人在内的所有人类成员的基本需要，更要确保公平，给每人以平等机会。这次大会确定的可持续发展战略包含了消除贫困、实现社会公平等重要内容。印尼于 1990 年成立了环境影响管理署，主要作用是推行环境影响控制管理。1994 年又成立了地方环境影响管理署。美国于 1993 年 6 月成立了美国总统可持续发展理事会（PCSD），致力于协调促进经济增长提高人民现世生活水平与保障子孙后代环境资源这二者之间的关系。英国政府环境部于 1994 年制定了英国可持续发展战略——《可持续发展：英国的战略选择》，战略认为：协调保障人民自身生活水平与保护现在及子孙后代的环境是可持续发展的核心。1996 年 3 月，英国环境、交通和区域部（DERR）公布了英国可持续发展指标体系，将可持续发展按照压力—状态—响应（PSR）的模式分成了 120 个指标。1997 年的《联合国气候变化框架公约》首次为发达国家规定了 2008—2012 年间量化的减排目标。2002 年约翰内斯堡可持续发展世界首脑会议上，与会代表们就农业问题进行了专题讨论，一致认为农业是全世界可持续发展的基础，世界各国应高度重视农业生产。

中国是一个发展中国家，巨大的人口压力和人均资源相对短缺的矛盾长期存在，经济发展与环境保护之间的关系还有待协调。1987 年中国政府正式公布了《中国自然保护纲要》，它是中国第一部比较系统的、在保护资源和环境方面的宏观指导文件。1992 年中国政府公布了《中国环境与发展十大对策》，宣布"实施可持续发展战略"。在同年召开的联合国环境与发展大会上，李鹏同志代表中国政府在《生物多样性公约》上签字。为履行《生物多样性公约》，中国政府于 1993 年制定了《中国生物多样性保护行动计划》。1994 年中国通过《中国 21 世纪议程——中国 21 世纪人口、环境与发展白皮书》，其序言中这样写道："通过高消耗追求经济增长和先污染后治理的发展模式已不再适应当今和未来发展的要求，而必须寻找一条人口、经济、社会、环境和资源相互协调，既能满足当代人需求，又不对满足后代人需要的能力构成危害的可持续发展道路。"《中国 21 世纪议程——中国 21 世纪人口、环境与发展白皮书》构筑了一个生态可持续性、经济可持续性和社会可持续性相互适应、全面优化与均衡健康的发展战略框架，其要点包括：①只有较快的经济增长速度才可能解决各方面的困难；②中国已在人口增长控制、贫困消除和生态环境保护工作中形成了一套适合国情的政策与措施；③中国仍将长期面临人口、资源、环境与经济发展的巨大压力和尖锐矛盾；④在经济快速发展阶段，若不合理使用资源，保护好生态环境，经济增长就难以维持，也很难为后代创造可持续发展条件；⑤必须对中国现有的发展战略、政策、计划和管理体制加以调整，以适应可持续发展要求；⑥在维护国家平等与主权的同时，中国要积极参与全球可持续发展建设，肩负责任，注意反映发展中国家的发展要求。1995 年江泽民同志在《正确处理社会主义现代化建设中若干重大关系》中指出："在现代化建设中，必须把实现可持续发展作为一个重大战略。要把控制人口、节约资源、保护环境放到重要位置，使人口增长与社会生产力的发展相适应，使经济建设与资源环境相协调，实现良性循环。"把人口、资源、环境的可持续发展作为我国现代化建设的一项重大战略，是我国经济发展战略观与政策的革命性转变。1996 年八届全国人民代表大会第四次会议将可持续发展定为与科教兴国并重的国家战略，李鹏同志在大会报告中指出："实施科教兴国战略和可持续发展战略，对于今后十五年的发展乃至整个现代化的实现，具有重要意义。"江泽民同志在后来的中央计划生育工作座谈会上再次强调：可持续发展是人类社会的必然要求，现在已经成为许多国家关注的重大问题，中国是世界上人口最多的发展中国家，这个问题更加具有紧迫性[①]。1999 年，中国科学院在《中国可持续发展战略报告》中提出，我国可持续发展战略必须实现三大目标——实现人口规模的零增长，实现能源消耗的零增长，实现生态退化的零增长。

2003 年 7 月，时任中共总书记胡锦涛同志在全国防治非典工作会议

① 库桂生. 迈向新世纪的经济纲领[M]. 北京：国防大学出版社，1998：275.

上指出，要更好地坚持协调发展、全面发展、可持续发展的发展观。同年10月中旬，中共十六届三中全会明确提出了“坚持以人为本，树立全面、协调、可持续的发展观，促进经济社会和人的全面发展”；强调“按照统筹城乡发展、统筹区域发展、统筹经济社会发展、统筹人与自然和谐发展、统筹国内发展和对外开放的要求”，推进改革和发展。

2007年10月，中共十七大首次提出了“科学发展观”，并对其科学内涵、精神实质、根本要求进行了全面系统深入的阐述，指出科学发展观第一要义是发展，核心是以人为本，基本要求是全面协调可持续性，根本方法是统筹兼顾；指明了进一步推动中国经济改革与发展的思路和战略，明确了科学发展观是指导经济社会发展的根本指导思想。如今，在科学发展观的指导下，经济与社会在不断协调发展，人口、资源与环境在不断良性循环，可持续发展战略正在得到进一步贯彻实施。

2.3.3 贫困地区可持续发展的基本内涵

走可持续发展之路是我国经济社会发展的一种模式选择。在贫困地区实施可持续发展战略，具有消除贫困、满足基本需要、以人为本、改善生态、社会公正、道德进步等功能与作用。

1. 消除贫困是贫困地区可持续发展的最基本内容

贫困是贫困地区最普遍的社会经济特征，贫困的大面积存在及消极影响是贫困地区缺乏可持续发展功能的最基本的原因。在贫困地区，可持续发展的首要问题就是如何迅速有效地缓解直至消除贫困。从一定意义上讲，消除贫困是可持续经济发展的重要目标，也是可持续社会发展的基本目标，可持续发展是与反贫困联系在一起的。欠发达地区的发展历史表明，贫困的存在势必引起生态环境的恶化，而生态环境的恶化又将进一步使贫困加剧。因此，可持续发展的前提是发展，只有发展经济才能最终消除贫困。但经济的发展、社会财富的增加还不是消除贫困的充分条件，消除贫困必须在严格人口控制、生态环境保护和资源可持续利用的基础上实现人口、资源与环境的协调发展。

2. 满足基本需要是贫困地区可持续发展的最低要求

可持续发展强调满足人类的基本需要，它既包括人们对多种物质生活和精神生活享受的需要，如饮食、居住、衣着、交通、安全、文化教育、医疗保健、休闲娱乐、就业与保障等，又包括人们对劳动环境质量、生活环境质量和生态环境质量等生态要求，逐步提高生存与生活质量，做到适度消费和拥有文明生活方式，使人、自然和社会保持协调关系和良性循环。在贫困地区发展中，满足贫困人口的基本需求是贫困地区反贫困战略的最基本内容，是贫困地区地方政府工作的中心和重点，能否满足贫困人口的基本需要，是实现贫困地区实施可持续发展的重要前提。

3. 实现社会公正是贫困地区可持续发展的重要理念

实现社会公正是保障贫困地区可持续发展的重要条件。每个社会成员基本生存权和发展权的维护是一个社会和政府的基本责任，如果一个社会的效率和发展是以一部分人的贫困为代价，一个地区的发展和繁荣是以另一个地区的长期落后为前提，那么就不可能说这个社会是公正或正义的。我国贫困地区大都位于老、少、边、穷地区，长期处于社会经济循环的边缘。随着区域差异的日益扩大，若继续漠视贫困地区和贫困人口的生存与发展权，社会运行的成本将成倍增加，社会矛盾与社会风险将达到极致。贫困地区可持续发展的一个社会象征，就是保证所在每个社会成员都能被公平合理地对待，都有机会发挥人的自身潜力和实现人的全面发展，可以以平等的身份参与社会政治活动、市场公平竞争、资源利益分配以及享受改革开放的成果和区域社会发展带来的好处。

4. 坚持以人为本是贫困地区可持续发展的核心

可持续发展的终极目标是以人为本，实现人口、资源与环境的长期协调发展。它一方面强调严格控制人口数量，最大限度减少人口对自然资源和生态环境的压力；另一方面要求不断提高人口质量、合理调整人口结构，真正把扶贫开发转移到依靠科学技术、不断提高贫困人口素质的轨道上来。做到以人的能力培养为核心，提高人力资本积累水平，充分发挥人的自身潜力与活力，把以前单一的扶贫行为转化为政府、部门、社会同贫困地区、贫困人口共同参与的反贫行动，并逐步形成贫困地区自我积累、自我发展的机制，最终让贫困地区内部产生可持续发展的能力。

5. 生态维护是贫困地区可持续发展的基础

任何发展都是在一定的空间环境展开，在一定的生态系统内进行。尽管可持续发展涉及经济与社会的方方面面，但从长远来看，只有资源和环境这类自然生态因素才是决定可持续性的根本因素。保持生态的可持续性，其目的在于保持生态永续的生产力和持久的变换能力，实现人类生存生活的美好愿望和生存环境的延续。生态的维护要注重资源生产能力、生态条件、生态系统完整性的维护，防止各种生态因子的退化，保护资源和生物的多样性，从而使经济增长和经济发展在环境资源承载力的范围内，促使生态潜力的积储速度超过经济潜力的增长速度，保持足够的生态资本存量。由于贫困地区自然生态环境恶劣,资源相对匮乏,这就要求在可持续发展战略的实施中,资源开发应减少自然资源开发项目和开发规模,开发重点放在人力资源和其他社会经济资源上,最终通过提高贫困地区人力资本积累水平来提高贫困地区的资源开发效益。

6. 责任意识是贫困地区可持续发展的道德要求

可持续发展要求社会成员具有较高的文化水准和责任意识,明白自身的活动对于自然、人类生存、社会发展的长远影响和后果,认识自己对社会和子孙后代的责任,并能自觉为社会的长远利益牺牲一些眼前利益和局部利益。可持续发展是各国政府、不同区域、不同人群共同关心的发展道路和利益取向。但出于生存的需要,发展中国家、落后地区、贫困人口对可持续发展的实际支持可谓步履艰难。因此,在贫困地区可持续发展战略的实施中,贫困地区人口应以大局为重,致力保护所在区域的自然资源和生态环境。如贫困的三峡库区,水岸自然生态环境和水质安全的保护,就需要三峡人民有强烈的责任意识,牺牲自己的局部利益来维护整个社会经济的健康运行与和谐发展。

2.4 贫困内容及分类

2.4.1 贫困内容

1. 贫困的定义

贫困不单是一种经济现象,也是一种社会与历史现象。作为一种复杂性的社会问题,贫困是一个内涵比较广泛的概念,不同学者从不同侧面对贫困加以不同理解。

①贫困为“缺少达到最低生活水准的能力”(世界银行《1990 年世界发展报告》)。这个参照定义把全球最低生活水准估测在 275 ~ 370 美元。275 美元为贫困线下线,370 美元为贫困线上线(按 1985 年购买力计算的人均美元收入)。到目前为止,这是被广泛认可的贫困定义之一。

②贫困为个人或家庭依靠劳动所得和其他合法收入不能维持其基本的生存需求的一种经济状况。这种解释主要是从经济意义上论述的,是目前理论含义最狭窄、也最集中的贫困概念。

③贫困是经济、社会、文化落后的总称,是由低收入造成的缺乏生活所需的基本物质和服务,以及没有发展的机会和手段这样一种生活

状况。

④贫困是在一定的环境(包括政治、经济、社会、文化、自然等)条件下,人们在长时期内无法获得足够的劳动收入来维持一种生理上要求的、社会文化可接受的和社会公认的基本生活水准的状态。强调贫困与所处生活环境相关,是较长时期内在生产和消费方面难以自我摆脱的一种现象。

⑤贫困不仅局限于收入水平低、健康得不到保证、教育匮乏,还包括穷人所不能控制的因收入—健康—教育连锁反应导致的脆弱性风险。

西方学者把20世纪70年代以后,由经济增长减缓和失业率增加的原因导致的贫困叫“新贫困”。而我国学者近几年也倾向于把因城市化、社会经济的变迁而导致的贫困称为“新贫困”。尹志刚认为源于我国社会结构转型、经济体制转轨、产业结构调整、公有制企事业单位改革,而同时分配制度和社会保障制度相对滞后等因素诱发了新贫困人口的出现。刘家强等在此基础上将新贫困人口定义为在市场经济中由于所处社会地位和获取社会资源较差,因而缺少竞争能力和就业机会,需要借助外在力量的支持摆脱困境的群体。

2. 贫困的内容

(1)收入贫困。收入贫困是用货币收入或消费额来确定的贫困程度,是贫困所包含的一项重要内容。英国学者朗特里在1899年对英国约克郡贫困状况进行了一项调查研究,在选取工人家庭数据的基础上,抽样计算一个5口之家,即父母和3个孩子为维持身体正常功能每周所需最低支出的货币数额。朗特里认为贫困收入是指总收入水平不足以获得“仅仅维持身体正常功能”所需要的最低量生活必需品的货币数量。世界银行从1990年以来就一直统计全球收入贫困的数据,主要包括收入或消费数据、购买力评价数据、各国特定贫困线数据等。这些数据的收集和计算基本上还是采用朗特里的以家庭收入和支出的基本方法。只不过,今天我们认为贫困收入就是货币收入和支出不能满足人们的吃、穿、住、行等基本生活需求更具体而已。

(2)健康贫困。从健康的方面衡量贫困可以说是从古典经济学家马尔萨斯、亚当·斯密、大卫·李嘉图那里开始的,然后经过卡尔·马克思的不断完善和发展,形成了现在的健康指标。马尔萨斯对饥饿导致死亡的原因、频率和后果进行过认真分析。亚当·斯密和大卫·李嘉图关注过死亡率与贫困的关系。马克思从无产阶级贫困化理论出发,认为在资本主义积累一般规律作用下,必然是“一极是财富的积累,同时在另一极是贫困、无知、健康不尽如人意和道德堕落的积累”。另外,朗特里在研究收入贫困的同时,也非常关注健康贫困问题。他在最贫困到最富裕 3 个组别中研究发现,最贫困组别的死亡率是收入最高的工薪阶层的两倍多。在婴儿死亡率方面,最贫困地区的儿童 1/4 会在 12 岁以前夭折。以上研究的结论表明,健康问题既是贫困形成的原因,也是贫困的结果。

(3)教育贫困。教育贫困是指受教育程度低的个人或家庭不具有获得各种资源的机会,所产生的贫困现象。许多学者在探讨贫困的真正原因时发现,教育匮乏导致的隐性贫困往往最易被人忽视,它制约着缓解贫困的速度。自 1994 年埃及开罗人口与发展大会以后,更多的发展中国家充分认识到,教育对一个国家或地区的经济发展贡献率在不断地提升,教育对一个国家或地区的社会影响力在不断地变大。在我国一些贫穷落后地区虽已建立起了各级相应的教育体系,但仍存在着教育的认识不足、教育的投入有限、教育的基础不牢等问题。适龄儿童的入学率低、成人识字率不高、辍学率特别是女童辍学率比较严重的现象,都在不断地制约着扶贫开发工作的力度。

(4)脆弱性贫困。脆弱性贫困是指一个家庭或个人在一段时间内将要经受面临的收入和健康等多重贫困风险。近年来,随着风险和不确定因素的增加,任何单项的脆弱性指标都不可能较为全面地反映穷人面临的所有脆弱性风险,穷人面临的脆弱性风险表现出动态性和多元性特征。脆弱性的测算应主要反映收入或消费额的变化,或福利的其他方面比如健康、教育、住房等变化。在一些论述贫困风险的研究中,这种变化是通过标准偏差或收入或消费额的变化系数来测算的。

3. 贫困的特征

(1)从历史演进的角度看,贫困呈现出动态性和历史性特征。虽然于某个时期贫困是静态不变的,但从纵向的时序演进角度看,贫困是一个动态的、历史的概念。随着社会经济的发展与公众生活质量水平的改善,贫困的概念界定与内涵边界也在调整变化。在不同国家,对贫困的衡量标准不同;在同一国家,不同时期的贫困标准和界定也不相同。

(2)从贫困的成因和表现形式看,贫困表现出复合性与多元性特征。贫困不仅指纯粹的经济贫困,还包括“社会和文化”乃至“肉体的和精神的”的各个方面。贫困的衡量,除人均收入水平外,还关涉一系列其他社会指标,如教育水平、健康状况、营养保健等。联合国开发计划署 1997 年在《人类发展报告》中把贫困的一般解释从经济领域拓展到“人文贫困”。

(3)从贫困标准的确定与量化看,贫困具有一定的客观社会性。贫困是低于“最低”或“最起码”的生活水准,而且这种水准是得到社会普遍认可的,即绝对标准。当然,随着经济的发展和扶贫工作的展开,相对贫困渐多,其标准认可带有一定的主观性。

(4)从贫困的实质看,贫困的核心是能力缺失。“低收入”的实质是缺乏开源“手段”和致富“能力”,是谋生和发展能力的贫困。

2.4.2 贫困分类

贫困问题和其他社会经济问题一样,在不同的国家或地区由于经济发展水平、社会文化背景、判断衡量标准的差异而表现出较大的不同。一般而论,根据对贫困现象的理解程度和认识程度,贫困可划分为绝对贫困和相对贫困,狭义贫困和广义贫困。发达国家或地区一般比较注重相对贫困问题而发展中国家或地区由于受经济发展水平的制约更愿注重绝对贫困问题。

1. 绝对贫困

绝对贫困是从人类的基本需求方面界定的,它表现为连起码的生存需要维持都不能得到满足的状况。英国的朗特里(Rowntree)、美国的鸥珊斯基(Orshansky)以及托达罗(Todaro)等人就是以最低营养水平和其他方面的最低生理需要作为划定绝对贫困的标准。早期有关贫困的经验研究文献和现在对发展中国家贫困问题的研究也大多采用了这种方法。后来,有研究者提出,绝对贫困除考虑个人基本生理需要外,还应考虑个人社会活动方面的基本需要,将个人生存和从事正常社会活动所必需的最低消费额作为划分贫困人口的标准。由于这种方法把最低消费额从生理需要支出扩展到其他消费支出,并且确认最低消费额不是一个相对稳定的量,而是由经济发展水平、文化传统和风俗习惯等因素决定的一个变量,因而在运用这种标准确定贫困线时,研究者会不可避免地加入一些个人的主观因素,造成这种方法在实际运用中的困难。

2. 相对贫困

相对贫困指与过去或未来某一时点相比较低下的经济状况,或者与其他社会阶层、其他地区居民相比而水平较低下的一种生活状况。相对贫困包括四个基本要素:①贫困是相对的。它是与一定的变化着的参照物相比较而言的。②贫困是动态的。贫困的标准随着经济的发展、收入水平的变化以及社会环境的变化而不断变化。③贫困是非均等的。社会不同成员在收入差距和分配上处于不均等状态。④贫困是主观的。

它依赖于一定的主观价值判断。

在西方,有关绝对贫困和相对贫困的争议近一个世纪从未停止。其实二者的划分只是一定程度上反映不同时空区间内贫困深度的大小。如果时空发生变化,贫困标准也要进行相应的修改,基本生存标准将逐渐过渡到社会评判标准。从现有贫困研究文献看,划分贫困线时是使用绝对标准还是相对标准,主要取决于被研究地区的经济发展水平和收入分配的均等程度。对于经济发展水平较低而收入分配不均等程度较高的地区,大多采用绝对标准,而对于经济发展水平较高和收入分配不均等程度较低的地区,相对标准则受到研究者更多的偏爱。对于处于一定发展水平和一定收入分配均等程度的某个地区来说,两种方法划分出来的贫困人口规模会有很大的差异。一般而言,绝对标准划分出来的贫困人口规模和相对标准划分出来的贫困人口规模之间的差异,与地区的收入水平呈负相关,而与地区的收入差距呈正相关。

3. 狭义贫困

狭义贫困仅仅指物质上的贫困,反映维持生活与生产的最低标准,而不包括精神生活的贫困。处于这种贫困状况中的人们所追求的是物质生活上的满足,希望得到的是与社会其他成员相等的收入、食品、燃料、衣着、住房及生存环境,注重生活物质在量上的满足。狭义贫困包含三个基本要素:①贫困是直观的。可以用一定的实物量作为判断标准,主要反映生活水平而不是生活质量。②贫困是绝对与相对的复合概念。既表现为经济需求量的绝对数量,又表现为这种需求量与社会其他成员的比较及其增长变化情况。③贫困可以用一系列经济指标来衡量,不涉及非经济因素。根据马斯洛的需求层次理论,人类首先需要满足的是物质生活,只有当物质生活水平达到一定程度后,才形成文化和精神生活方面的追求。因此,在发展中国家或地区,当前反贫困主要以反狭义贫困最为迫切。

4. 广义贫困

广义贫困除经济意义上的贫困之外,还包括精神文化及社会环境方面的贫困,即贫困者享受不到作为一个正常的"社会人"所应该享受的物质生活和精神生活。他们不仅处于收益分配的最底层,而且在政治、社会、文化、心理、精神、人格等方面有所缺失;不仅在经济收入方面被"社会剥夺",而且在就业、教育、发展机会、健康、生育、自由等个人发展和享受方面的权利也被"社会剥夺"。马尔科姆·吉利斯在其《发展经济学》中对广义贫困作了较为全面的论述。他认为:"贫困不完全是对绝对意义上的生活水平而言的，它的真正基础在心理上。穷人指的是那些自认为是社会中的一部分但又感到被剥夺了与社会中另一部分同享欢乐权利的人。由于教育和通信的发展，参照群体会扩展，在早先，农民至多把自己的地位和村里的头面人物相比较。而现在，他们正越来越向往他们本国城市上层人物的生活标准，甚至开始注意那些富强国家现代化的生活标准，因而这种失落感会越加强烈起来。”可见，广义贫困是物质贫困和精神贫困的统一。精神贫困在一定时空条件下甚至比物质生活贫困更痛苦、更难受，同时也是最容易被人们所忽视的一种贫困。广义贫困包含着四个基本要素：

①贫困是物质贫困和精神贫困的综合表现。②贫困标准呈动态特征。物质贫困的标准相对容易确定，而衡量精神贫困的标准难以用具体指标表达。③贫困是继发性的。随着物质贫困的逐渐改善，精神贫困就会逐渐出现，消除精神贫困比消除物质贫困的难度更大。④贫困特别是精神贫困具有较大的隐蔽性，不容易被社会大多数人发现。

2.5 贫困线及贫困程度的测量

2.5.1 贫困线

1. 贫困线的定义

衡量个人、家庭或某一地区贫困与否的界定标志或测定体系，称为贫困线或贫困标准。换言之，贫困线就是一个国家（地区）或组织确定一个人或家庭在一定时期、一定地区、一定经济发展水平下，为了取得维持生存所必需的生活必需品（包括食品和非食品货物）或取得社会认为体面的生活所必需的全年费用，一般量化为货币形式。贫困线的划分跟贫困一样可分为绝对贫困线和相对贫困线，由于相对贫困线受到多个指标影响，量化起来比较复杂，难度相对较大。

2. 贫困线的确定方法

由于人们对贫困的认识和理解不一致，在确定贫困标准的范畴、测量贫困的方法、计算贫困的单位等方面也有明显的不同。但大多数人认为，贫困界定必须考虑最小需求量和收入。在世界银行的研究报告《发展中国家面临的贫困问题：标准、信息和政策》一书中，对贫困测量的标准设置了七个指标：即人均收入；家庭消费和人均消费；人均食品消费；

食品比率;热量;医学数据;基本需求。目前,大多数国家采用“最小需求量”和最低购买力来测定。若一个人的收入低于“最小需求量”即形成不了这一购买力,那么他就陷入贫困。人均收入被用来作为测定贫困线的主要指标,但在贫困线具体的确定方法上,有以下两种方法可以借鉴。

(1)恩格尔系数法。它将绝对贫困线的确定方法分为五个步骤:一是确定基本生活必需品的种类。为使对贫困线的计算精确化,一般将生活必需品中的食品部分换算为每人每天需要2 150～2 400卡路里的热量摄入值,并规定粮食供应热量摄入值是90%,其他食品提供剩下的10%。二是根据各种食物所含热量摄入值,确定各种食品在每人每天的食物供应在所占的份额和具体摄入量,即满足每人每天2 150～2 400卡路里热量需要的食品构成。三是计算购买上述食品所需总支出。四是确定与一定社会经济发展水平相适应的,针对贫困人口消费特点的恩格尔系数。反映贫困人口消费构成的恩格尔系数不同,得出的贫困线不同,这是导致不同时期的贫困线有所不同的一个重要因素。五是用每人每年食品消费总支出除以恩格尔系数即可得出当年的绝对贫困线水平。在确定贫困线的实践中,为简便起见,一般以某一年的贫困线为基础,用城乡零售物价指数进行修正得出各年的贫困线,而相对贫困线有收支对照法和收入法两种比较通行的确定方法。

(2)马丁法。马丁是美国研究贫困问题的专家。他提出了计算贫困程度的两条贫困线:一条是低贫困线,即食品贫困线加上最基本的非食品必需品支出;一条是高贫困线,是那些达到食物贫困线的一般住房的支出。食物贫困线通过一组食物组合,在一定的价格水平上获得食物能量需求来确定。非食物贫困线就是看那些刚好有能力达到营养需求的住房在非食品商品上的支出是多少。这样,食物贫困线加上最低的非食品支出可作为贫困线的一个合理的低线,即低贫困线。还有那些实际达到食物贫困线的住房(不是因削减非食品支出才能达到食物贫困线的住房),非食品支出水平多少?假定那些实际已达到食物贫困线的住房也将满足他们的非食物支出需求,这样就需计算一个较高的贫困线,即高贫困线。

3. 我国贫困线的演变过程

我国贫困线的确定最早源于农村。1984 年国务院农村发展研究中心组织大规模的农村调查,确定最初的贫困线是人均收入 120 元,人均自产口粮 200 千克。照此标准,国务院要求各省统计贫困人口并上报贫困县。随着中央政府决定拨专款扶贫政策的出台,各省申报需要扶持的贫困人口总计达 1.3 亿,超过 1985 年初。中央认为,由于财力有限,即使申报再多的贫困县和贫困人口,也不可能增加扶贫拨款。决定由中央确定贫困线,作为国家重点扶持的对象,故缩小了援助的范围。国务院农村发展研究中心建议,以户人均口粮 200 千克和人均收入 200 元作为贫困线,按照此贫困线计算,1985 年我国全部农村贫困人口为 1.02 亿人,占农村总人口的 12.2% 。

1986 年全国人大六届会议期间将扶持贫困地区尽快摆脱经济文化落后状况,作为国家"七五"计划的一个重要目标。在"七五"期间,国家重点扶持的 331 个贫困县的标准由一般农村地区向有突出贡献的革命老区发生倾斜,实行了分地区的全国不同的贫困线标准。1985 年农村人均纯收入低于 150 元的县划定为国家重点扶持的贫困县;少数民族和老革命根据地的贫困线标准定为 200 元;而个别有特大影响和贡献的老革命根据地所在县的贫困线标准则是 300 元。与此同时,中央要求各省也根据当地情况确定了 368 个作为省扶持的贫困县。这样,当时总共有 699 个贫困县受到中央及地方不同程度的扶持。

我国现行的农村贫困标准是国家统计局农村调查队在 1986 年,根据 6.7 万个抽样户的家庭调查数据,采用人均纯收入与基本生存费用相比较的办法,必须依据营养标准(人均日摄取热量 2 400 卡路里)和其他最低的必需品消费进行计算后得出的。当时是以国际上通用的生存绝对贫困的概念作为计算农村贫困标准的基础。生存绝对贫困的核心问题是穷人不能满足在当时社会生产或生活方式下维持生命正常活动所必需的基本生存需要。基本生存需要包括两部分,一部分是满足最低营养标准(2 001卡路里)的基本食品需求;另一部分是最低限度的衣着、住房、交通、医疗及其他社会服务的非食品消费需求。前者是食物贫困线,后者是非食物贫困线,两者之和就是贫困标准。根据这种方法计算,1985 年中国农村贫困人口标准为人均年收入 206 元,推算出当年全国农村贫困人口为 1.2 亿人,之后根据物价指数变动逐年调整。到 1990 年这一标准相当于 300 元,1999 年相当于 625 元。2005 年农村贫困线约为 861 元,但是以 10% 的标准则约为 1 028 元;如果按国际通行的收入比例法,以一个国际或地区社会中位(或平均)收入的 50% ~60% 作为贫困线,收入低于该标准可以认为是处于贫困状态,2005 年中国农村居民人均纯收入为 3 225 元 ,按平均收入的 50% 测算贫困线为 1 628 元。2007 年,中国的贫困线划定在 1 067 元。2011 年,中国的扶贫标准提至1 274 元,后又提高至 2 300 元。

由于世界各国对“生存必需品”的理解不尽相同，导致各国的贫困标准与贫困线也存在差异，这就需要确定一个通用的国际贫困线标准。为解决这一问题，世界银行在《1990 年世界发展报告》中，按 1985 年购买力平价的不变价格计算，规定人均收入每年 275 美元和 370 美元分别为世界通用贫困线的下线和上线，人均收入每年大于 275 美元而不大于 370 美元的上限人口又称为贫困人口。人均收入每年 370 美元上限标准后来又调整为国际上通用的每人每天 1 美元的消费支出贫困标准。按照此标准计算，到 1998 年底我国农村贫困人口为 1.06 亿，占农村总人口的比例约为 11.5%，而不是我们所熟悉 4 200 万和占农村总人口的比例约为 4.6% 的数字。

在农村贫困人口贫困程度较深的情况下，我国政府制定的较低贫困线是一个十分有效的标准，也有助于把扶贫资金使用到那些最需要帮助的贫困人口身上。然而，在确定扶贫潜在的受益者时，这个标准也许就不那么有效了，因为只有占总人口比例很小的部分人生活在贫困线以下，而更多的贫困人口收入仅比这个标准稍高一点。为了更准确地评估我国农村的贫困状况，更好地指导 21 世纪政府的扶贫工作，我国参考国际贫困标准，将最低收入 10% 的农村人口的收入水平作为贫困线，据此测算出我国贫困人口年人均收入在人民币 900 元左右。这一标准不仅仅考虑了穷人的食物需求。按照这一标准计算，1999 年我国农村贫困人口为 12 000 万，其中 50% 集中在西部地区。

经过 20 多年的发展，我国农村极大地减少了贫困现象，农村的贫困发生率大幅度地降低。但在城市，虽然贫困的出现相对较晚，但其发展演变经历了大致两个阶段：一是 20 世纪 80 年代初至 80 年代末，城市贫困人口处于低水平状态。据 1980 年的数据比较分析，农村贫困人口 2 亿多，而城市贫困人口 400 万，农村贫困人口是城市贫困人口的 50 倍。到 80 年代末，我国城市贫困人口的绝对数量和比例都大幅度下降。截至 1989 年，我国城市贫困人口为 100 万左右，贫困人口的比例不到 0.4%。二是 20 世纪 90 年代至今，城市贫困人口大幅度攀升。据中国社科院经济研究所的调查数据和课题研究结果，1995 年城市的贫困发生率比 1988 年上升了 12%，1999 年的贫困发生率比 1995 年又上升了 10% 左右。贫富差距在进一步拉大，1995—1999 年期间的贫富差距上升了 36%。由于统计口径不同，有关城市贫困规模人数和贫困发生率，洪大用也曾对中国 1981 年以来的城市贫困人口和贫困发生率作过测算（见表 2.1）。虽然各方数据差异很大，但纵向发展的数据比较都在强调一个共性，即我国城市贫困面不仅在扩大,而且贫困人口的贫困程度也在加深。

表 2.1　改革开放以来中国城市贫困人口状况

年份	贫困线/(元·人年$^{-1}$)	贫困规模/百万人
1981	171	3.9
1982	169	2
1983	178	1.4
1984	190	0.8
1985	215	0.9
1986	226	0.5
1987	247	0.6
1988	289	0.7
1989	304	0.9
1990	321	1.3
1995	2 107	19.1
1998	2 310	14.8
1999	2 382	13.4
2000	1 875	10.5
2001	624 ~ 3 840	11.7
2002	624 ~ 3 840	19.6
2003	638 ~ 882	21.4
2004	669 ~ 924	—
2005	684 ~ 944	23.6
2006	694 ~ 958	—
2008	786 ~ 1 067	15
2009	≤1 196	12
2010	≤1 274	26.8
2011	≤2 300	25

资料来源:各统计网站

4. 特困线、温饱线、发展线的测定

目前,关于贫困的测量指标体系更加系统,更为具体。国家统计局贫困课题研究组将消费结构、家庭规模等因素纳入贫困测量指标,提出了“基本收入差异程度”“收入补偿程度”“消费差异程度”等概念和测量方案。1993 年,童星和林闽钢在《我国农村贫困标准线研究》一文中提出了 12 种度量贫困的方法。唐钧在《确定中国城镇贫困线方法的探讨》一文中,把贫困线分为生存线、温饱线和脱贫线,并在 1998 年出版了《中国城市居民贫困线研究》一书,书中提出了一种度量贫困的新思路——综合法,许多城市沿用这种方法来确定本地的贫困线。

但贫困测量的标准总的看来,层次单一,变动性差,不能准确地反映贫困状况。贫困线也较少反映贫困层次的内部结构。为此,20 世纪 90 年代初南京大学社会学系林闽钢提出的特困线、贫困线和发展线的概念具有一定借鉴性。

(1)特困线的测定。依据 1991 年的调查资料,年生活消费 200 ~ 250 元的食品支出结构为:粮食192.47 kg/人、蔬菜73.12 kg/人、食用油5.48 kg/人、猪牛羊肉5.02 kg/人、禽蛋1.10 kg/人,折合成每日热量摄入量为2 099.3卡路里。若把上述主要食品消费量作为人均食品消费的最低消费量,通过与当年混合平均价格的换算,购买这些食品维持生存的最低费用需要 220.46 元。考虑到盐、酱、醋、燃料等费用,特困线定位 250 元较为合适。2006 年我国把农村贫困线设定为每人每年 694 元人民币。2007 年,中国的贫困线划定在1 067元。贫困线之下,还设置了收入更低的绝对贫困线。2008 年,中国绝对贫困线标准为人均纯入 786 元以下,低收入贫困线标准为人均纯收入 786 ~ 1 067元。2009 年,我国实行人均纯收入1 196元的新扶贫标准。2011 年,中国的扶贫标准提至1 274 元,后又提高至2 300元。

(2)温饱线的测定。一是恩格尔系数法的测定。根据《中国贫困地区人口经济国情资料》所汇集的 1989 年全国 23 个贫困县 11 830 个贫困户的经济生活资料分析,得出贫困户的恩格尔系数为 63.6%。对照联合国把恩格尔系数划分为 5 个档次,考虑到恩格尔系数用 63.6% 作为标准,因此,温饱线 $=220.46 \div 63.6\% =346.6$ 元。二是贫困县贫困户的人均纯收入与生活消费支出的消费函数法。根据 1989 年对全国 23 个贫困县 11 830 个贫困户统计资料整理,建立消费函数,得出议程为:$Y=94.69+0.702\,6X$。那么,1989 年的温饱线 $X=94.69 \div (1-0.702\,6)=318.4$ 元。用农村居民生活费用价格总指数调整,1990 年温饱线为 332.7 元,1991 年温饱线为 340.4 元。综合两种方法的计算结果,1991 年农村温饱线为 350 元。自 2008 年以来我国出台新的扶贫标准,即将过去实行的“温饱线”和“低收入线”合二为一,不再实行“温饱线”。2008 年,中国低收入贫困线标准为人均纯收入 786 ~ 1 067元。2009 年,我国实行人均纯收入1 196元的新扶贫标准。2011 年,中国的扶贫标准提至 1 274 元,后又提高至2 300元。

(3)发展线的测定。根据 1991 的统计资料显示,当人均纯收入处于

500～600 元区间时，农民的平均投资倾向高达 0.314，投资欲望最为强烈。当人均纯收入处于 600～800 元区间时，农民的平均投资倾向也较高，达 0.291，其中 600 元的人均纯收入是农户投资致富的转折点。

根据 1991 年全国农村住房调查资料按人均纯收入高低排列的分组资料，分别算出储蓄额和储蓄率：储蓄额＝人均总收入－人均总支出；储蓄率＝人均储蓄率÷人均纯收入。经研究得出，当人均纯收入为 500～600 元区间，储蓄率有明显转向，当人均纯收入超过 600 元后储蓄稳定增长。综合两种方法分析的结果，参照 1991 年全国农村人均纯收入为 708.6 元，把农村发展线定在 600 元适宜。最后得出结论：农村特困线为 250 元，温饱线为 350 元，发展线为 600 元。生存区间为 250 元以下，度日区间为 250～350 元，温饱区间为 350～600 元。但随着这 10 多年的经济发展和人们生活水平的提高，不论农村还是城市，考虑到物价上涨因素，特困线、温饱线和发展线的边界数据确定就要高得多。

2.5.2 贫困程度的测量

贫困程度测量是制定反贫困政策和进行贫困理论研究的基础工作，从 20 世纪开始，国外的专家和学者就对此进行了不懈的探讨和努力。目前的研究成果已经完成了从单一经济指标体系到社会指标体系的过渡，并开始进入生态指标体系的研究。生态环境指标体系研究对于人类发展来说是一个崭新的研究领域，但对于贫困的成因和影响有极其重要的研究价值。中国对贫困测量的深入研究开始于 20 世纪 80 年代中期，产生的时间虽然不长，但发展很快，已经处在社会指标的研究体系之中并开始关注生态指标的研究体系。

1. 贫困发生率

贫困发生率是指描述贫困现象的一个最基本的指标，是从贫困现象的社会存在面与发生谐振角度来认识和理解贫困。贫困人口在其人口总体中所占比例即为贫困发生率①。

计算公式为：

$$H=\frac{q}{n}$$

其中，q 为贫困人口总数，n 为总人口数，H 为贫困发生率。

贫困发生率是贫困人口群体占总人口的比例，是一个相对概念，它

① 世界银行，《1990 年世界发展报告》中把贫困发生率称为贫困人口调查指数，第 28 页。

只有与贫困人口的数量这一绝对概念相结合，才能反映出贫困面的大小。贫困发生率表现出很强的空间性和时间性，不同的贫困发生率的时间性主要表现为在一定时期贫困人口和总人口变化的不一致性，那么也就是说，贫困发生率每时每刻都会发生变化。但通常我们都以年度作为贫困人口和总人口统计期，这样得到的贫困发生率是某一年的贫困发生率。根据贫困发生率的地区差异、行业差异和阶层差异，可以确定扶贫的重点目标，监测扶贫效果。但是这一指标的缺陷是，它不能反映贫困的深化程度，即贫困人口的平均收入低于贫困线的程度；也无法反映贫困人口内部的不平等程度。

2. 贫困缺口及贫困缺口率

贫困缺口又称贫困差距，是用来衡量贫困者收入低于贫困线程度的指标，侧重从经济收入差距的角度度量贫困的程度，或者说为了消除贫困，使得所有贫困者的经济收入都超越贫困线尚需要的社会财力。先给定贫困线 z（凡年人均收入低于 z 者划入贫困人口行列），计算公式为：

设 y_i 表示贫困人口的年人均收入（$y_i < z, i = 1, 2, \cdots, q$），$G$ 为贫困缺口。则 G 值越小，表示贫困缺口越小，反之亦然。

$$G = \sum_{i=1}^{q} (z - y_i)$$

贫困缺口的程度由贫困缺口率来反映。在理论上，贫困缺口率是用贫困缺口同贫困线与贫困人口总数的乘积的比值来表示。

计算公式为：

$$I = \frac{G}{q \cdot z}$$

分母为 q 与 z 的乘积，即假设均以贫困线计贫困者经济收入水平时的贫困人口总收入，或成为理论上的最大贫困缺口。因为当 $y_i = 0(i = 1, 2, \cdots, q)$ 时，

$$qz = \sum_{i=1}^{q} z = \sum_{i=1}^{q} (z - y_i)$$

当贫困人口平均收入水平为零时，即 $y = 0$ 时 $I = 1$ 称为最大贫困缺口率。当贫困人口平均收入水平为贫困线的标准时，即 $y = z$ 时 $I = 0$ 称为最小贫困缺口率 0。所以说 I 的取值应为 $0 \leqslant I \leqslant 1$，$I$ 越小，贫困程度越轻，当 I 越接近 0 值时，说明贫困人口的经济收入基本接近贫困线，已达到脱贫的临界点。反之，I 值越大，社会贫困现象越严重，当 I 趋向 1 时，表示贫困阶层的人们基本没有经济收入来源，必须靠政府救济给予生活资助，因而这时的贫困缺口率达到最大。

进一步解析指标量 I 的表达式，即可知其另一层内在含义。令 $g_i = z - y_i(i = 1, 2, \cdots, q)$ 表示第 i 个贫困者达到贫困线的经济收入差额（缺口），则

$$G = \sum_{i=1}^{q}(z - y_i) = \sum_{i=1}^{q} g_i$$

$$I = \frac{G}{q \cdot z} = \frac{1}{qz}\sum_{i=1}^{q} g_i = \frac{\overline{g}}{z}$$

其中 $\overline{g} = \frac{1}{q}\sum_{i=1}^{q} g_i$ 为平均差额（差额均值）。

贫困缺口与贫困发生率一样也存在自身的缺陷，它只能反映贫困人口的人均收入与贫困线之间的平均差距，无法反映贫困人口内部存在的收入高低不均等状况。另外，贫困发生率与贫困缺口在衡量贫困程度时，有时也会产生相悖的结论。如一笔救济款给予接近贫困线的穷人，将减少贫困人口总数，降低贫困发生率，而给予远离贫困线最穷的人，将对贫困人口的减少影响不大，即对贫困发生率影响不大，却会减少贫困缺口和降低贫困缺口率。

3. 综合指数

在认识综合指数以前，先来讨论一下贫困线指数，这对我们认识综合指数非常有必要。贫困线指数是指直接用贫困线同总体人均收入 $\overline{y}(\overline{y} = \frac{1}{n}\sum_{i=1}^{q} y_i)$ 相比较，其比较值也能反映一个社会的贫困程度，用 K 表示。

计算公式为：$K = \frac{z}{y}$

其中，K 为贫困线指数，z 为贫困线，$\overline{y}$ 为人均收入。

显然，若相对贫困人口多，即贫困发生率高、贫困缺口率和贫困线指数越高，则反映出这一社会的贫困问题越加严重。如果将以上 3 个指标组合起来，可得到另一个新的贫困指标量，我们定义为综合指数，用 R 表示。

计算公式为：$R = H \cdot I \cdot K = \frac{q}{n} \cdot \frac{\overline{g}}{z} \cdot \frac{z}{y} = \frac{q}{n} \cdot \frac{\overline{g}}{y} = \frac{G}{Y}$

其中，R 为综合贫困指数；H 为贫困发生率；I 为贫困缺口率；K 为贫困线指数。式中 $Y = n\overline{y} = \sum_{1}^{n} y_i$ 表示国民收入；$G = q\overline{g} = \sum_{i=1}^{q} g_i = \sum_{i=1}^{q}(z - y_i)$，为前面定义的贫困缺口率。

因此，综合指数实际表示贫困缺口占国民收入的份额（或比重），是

将贫困问题放置全社会中来考察，度量其社会经济负重程度。认真分析，不难发现综合贫困指数 R 包括的 3 个指标(H,I,K)都跟贫困线有关。如果两个地区有相同的国民总收入，而两个地区的贫困线标准不同，那么这两个地区的综合指数也就不可能相同。

4. 森氏贫困指数

印度的贫困问题专家阿马特耶·森(A,k,Sen)为了修正特定贫困测量指标的缺陷，在 20 世纪 70 年代中期(1974)给出了一个标准化度量的一般性公式：

$$P_s = U\sum_{i=1}^{q} g_i W_i$$

P_s 称为森氏贫困指数，式中 W_i 是福利加权数，U 为根据不同的标准化需要所配置的常数(在取定之前可视为 q,n,z 的函数，即 $U=U(q,n)$，或 $U=U(n,z)$ 等，使得 $0\leqslant P_s\leqslant 1$)。

令 $W_i=q+1-i,\ i=1,2,\cdots,q$

分别令 $U=\dfrac{2}{zn^2}$ 和 $\dfrac{2}{\bar{y}n^2}$，式中 $\bar{y}=\dfrac{1}{n}\sum_{i=1}^{q}y_i$ 为总体人均收入，可得到森氏指数的两个表达式：

$$P_{s1}=\left(\frac{2}{zn^2}\right)\sum_{i=1}^{q} q_i(q+1-i) \tag{1}$$

$$P_{s2}=\left(\frac{2}{\bar{y}n^2}\right)\sum_{i=1}^{q} q_i(q+1-i) \tag{2}$$

为便于分析，我们对(1)式稍作变形：

$$\begin{aligned} P_{s1} &= \left(\frac{2}{zn^2}\right)\sum_{i=1}^{q} q_i(q+1-i) \\ &= \sum_{i=1}^{q}\left(\frac{g_i}{z}\right)\frac{2(q+1-i)}{n^2} \end{aligned}$$

令 $I_i=\dfrac{g_i}{z}, V=\dfrac{2(q+1-i)}{n^2}$，则

$$P_{s1}=\sum_{i=1}^{q} I_i V_i$$

式中 $I_i(i=1,2,\cdots,q)$ 表示第 i 个贫困者缺口比，$V_i(i=1,2,\cdots,q)$ 为相应的加权因子。因此(1)式中的 P_{s1} 表示以贫困线为参照的贫困缺口比加权和。

同样(2)式可变形为：

$$P_{s2}=\sum_{i=1}^{q}\left(\frac{g_i}{y}\right)\frac{2(q+1-i)}{n^2}$$

令 $J_i = \frac{g_i}{y}, V = \frac{2(q+1-i)}{n^2}$，则

$$P_{s2} = \sum_{i=1}^{q} J_i V_i$$

式中 $J_i(i=1,2,\cdots,q)$ 表示第 i 个贫困者相对于总体人均收入的收入缺口比。故(2)式中的 P_{s2} 即表示以总体人均收入为参照的收入缺口比加权和。

因此，森氏贫困指数是对所有贫困人口在一个人口总体中的贫困缺口比或收入缺口比的福利加权。其中 P_{s1} 反映减缓贫困的基本福利需要（以贫困线为相对量），P_{s2} 反映贫困人口达到社会人均收入水平的相对负担。换句话说，森氏的贫困指数是从贫困与达到社会人均水平两个目标，考察贫困问题的相对程度，分别给出了一个较为合理的相对度量。

森氏贫困指数的缺陷：

首先，在(1)(2)两式中，$\sum_{i=1}^{q} V_i \neq 1$，因而 V_i 做标准化加权因子欠妥。若选择 $W_i = q+1-i,\ i=1,2,\cdots,q$，则相应的标准化加权因子应为 $V_i = \frac{W}{\sum W_i} = \frac{2(q+1-i)}{q(q+1)}$。

其次，以 $q, q-1, \cdots, 2, 1$ 为权数，只是满足了贫困缺口比应赋予较大权数的基本要求，而这一权数本身仅表示贫困人口的序号，它与贫困缺口分量 g_i 并无内在联系，因而这两者结合不可能有更深刻的含义。

森氏贫困指数的多种表达式，在(1)(2)两式的基础上，阿马特耶·森于 1976 年又给出了一个改进的指标：$P_{s3} = \frac{2}{(q+1)nz}\sum_{i=1}^{q} g_i(q+1-i)$ 和一个简易计算指标：$P_{s4} = H_I + H_G(1-I)$，式中 H, I, G 分别为前面所述的贫困发生率、贫困缺口率和贫困缺口。

继阿马特耶·森贫困指数以后，Dominique Ton，N. Takayama 及 N. C. Kakwan 等在 20 世纪 70 年代末和 80 年代也给出了一些贫困指标量，但都没有超出森氏贫困指数的基本框架。

5. FGT 贫困指数

FGT 贫困指数是由经济学家 Foster、Greer 和 Thorbecke 提出来的一个贫困测量的公理性指数。与森氏指数不同，FGT 指数直接使用贫困缺口作为权数。

FGT 指数为：

$$P_\partial(Y_i, z) = \frac{1}{n}\sum_{i=1}^{q}\left(\frac{g_i}{z}\right)^\partial$$

其中 n 表示总人口；Y 表示人均收入；z 表示贫困线；q 表示贫困人口；$g = z - Y$; ∂ 表示参数0,1,2。

当 $\partial = 0$ 时，贫困发生率 $P_0 = \frac{q}{n}$；

当 $\partial = 1$ 时，得出贫困缺口率 $P_1 = \frac{1}{nz}\sum_{i=1}^{q} g_i$；

当 $\partial = 2$ 时，得出贫困缺口结构变动率 $P_2 = \frac{1}{n}\sum_{i=1}^{q}\left(\frac{g_i}{z}\right)^2$。

FGT 指数的一个显著优点是它具有可分解性。如果将测量单位(如家庭)根据某种标志如地区、家庭的人口特征等进行分类，FGT 指数可分解为各类分项的 FGT 指数。

2.6 其他相关概念界定

1. 人口贫困

人口贫困是人口在经济、精神、文化以及人格上的贫瘠。人口贫困是贫困人口的一般性表征，贫困人口是人口贫困的活性载体，人口贫困具体表现为人口的经济贫困与精神贫困。

2. 贫困化

目前国内外文献对于“贫困化”并未给出一个统一具体的定义，学术界对于“贫困化”也没有给出一个明确的解释。但一般认为，对于“贫困化”概念的理解，应该包括三层含义：第一，它是指一种极端穷困或者贫穷的状态，包括物质资源的严重匮乏、未达到最低生活水准的经济状态以及文化教育的严重滞后，是一个延续性的概念，对于此种状态和程度可以用恩格尔系数、人均收入或者维持基本生存需要的消费量进行量化；第二，它是指一种具体导致穷困或者贫穷的行为，是一个瞬时性的概念；第三，它是指一种向穷困或者贫穷状态渐变的趋势，是一个短期内不会终止的变化过程，此种过程直接或者间接导致穷困人口数量的扩大或者贫穷程度的加深。因此，本文将贫困化定义为：一个国家或者一个地区的人口、经济、社会、文化等趋于贫困或贫困规模与贫困程度不断增大和加深的一种现象和趋势。

3. 三峡库区

三峡库区是指受长江三峡工程淹没的地区，地处四川盆地与长江中下游平原的结合部，跨越鄂中山区峡谷及川东岭谷地带，北屏大巴山，南依川鄂高原。具体包括湖北省的宜昌市、秭归县、兴山县、巴东县以及重庆市所辖的巫山县、巫溪县、奉节县、云阳县、开县、万州区、忠县、涪陵区、丰都县、武隆县、石柱县、长寿区、渝北区、巴南区、江津区，共19个区、县。本文关于三峡库区的论述均以重庆市所辖的15个区县为依据。

3 人口贫困与区域发展关系及机理

3.1 人口与经济和社会关系

3.1.1 人口与经济关系

人口与经济之间的关系是研究所有人口问题中最基本的出发点之一,因此,长期以来备受学者的关注。早在清朝,中国著名人口思想家洪亮吉、汪士铎等人就根据当时人口、经济、社会等方面的现状,从不同角度探讨了人口对经济发展的影响。事实上,人口与经济的关系不仅包括人口对经济的影响,也包括经济对人口的影响,因此,人口与经济的关系可以反映在社会经济发展中的方方面面,包括人口数量与经济的关系、人口质量与经济的关系、人口结构与经济的关系以及人口分布与经济的关系。

1.人口数量与经济的关系

一定规模的人口既是经济社会发展的前提,又是经济社会发展达到一定水平的表现,因为经济归根结底是靠人来推动的,同时人口规模的大小又反映了经济社会发展所达到的承载水平。人口规模对于经济发展既有正向促进作用,又有反向抑制作用。从世界人口与经济发展的历史进程看,人口规模对于经济的影响可以分为两个方面:一方面,增长的人口规模带来了就业和生活需求压力，刺激消费需求和投资需求，产生明显的人口“推进力”和“发明拉力”，加速了工业化过程和技术进步，促进了经济发展；另一方面，人口规模的大幅度减小将引起有效需求不足，严重制约着经济的发展。所以，适度的人口规模成为经济发展的有利因素。

经济条件反过来又作用于人口数量的变动。人口数量的变动主要随人口出生率和人口死亡率的变化而变化，但无论是理论研究还是从社会发展实践来看，经济条件始终是影响人口出生率和死亡率的最为关键的因素。从经济条件对出生率的影响来看，杨菊花①的研究显示：发达国家的实际生育水平低于生育意愿，发展中国家的实际生育水平高于生育意愿。具体来说，就是经济社会的发达程度总体上和具体生育水平呈负相关关系。从经济条件对死亡率的影响来看，一般情况下，收入状况越好，越能够有足够的营养保证和良好的医疗保证，生活质量将越高。但是，收入状况和死亡率之间并非线性关系。梁鸿②通过对经济与人口死亡率的模型分析得出，经济与人口死亡率之间的关系是近似对数的曲线关系，当经济水平处于较低时，人口死亡率会随经济增长迅速降低，当经济水平上升到较高水平后，人口死亡率随经济增长而变动的幅度不大。总之，经济发展水平会影响到人口的数量，虽然这种影响是十分复杂的。

2. 人口质量与经济的关系

人口质量也即人口素质，是人口经济学的一个重要范畴，通常是指人口的综合性素养和能力，分为身体素质、科学文化素质和道德素质三个因素。人口的身体素质是指人们身体发育的健全程度、营养状况和耐力持久状况等；科学文化素质是指人们的智能，包括经过开发的智力，即文化知识水平、科学技术水平以及通过生产劳动积累的生产经验、劳动技能等；人口的道德素质是指人们的道德意识状态，包括人生观、道德观、道德品质和传统习惯。

从经济发展的过程来看，人口质量在生产要素中的位置越来越重要。传统的经济学理论认为，一国的生产优势主要取决于自然资源状况、资本和劳动力构成的要素比率。但事实上具有资源优势的国家不一定经济发达，而人口素质高的国家往往具有竞争力，如美国和日本在其

---

① 杨菊花. 意愿与行为的悖离：发达国家生育意愿与生育行为研究述评及对中国的启示[J]. 学海，2008(1).

② 梁鸿. 经济与人口死亡率的模型分析[J]. 人口与经济，1994(4).

经济发展过程中，始终把提高人口素质放在首位。由于拥有高素质的人口对经济发展的影响是巨大的，人口所具有的知识和劳动技能成为比较优势的重要来源。因此，人口素质具有经济价值，投入提高人口素质的资本要获得一定的经济效益，追加的人口素质投资要获得追加的经济效益。人口素质的普遍提高，可以造就大量高素质的科研人员、工程技术人员、管理人员和熟练工人，逐步增加知识密集型经济的产品，并在提高劳动生产率的前提下降低产品成本，促进生产过程的良性循环，从而降低消费品的价格，使就业结构与经济结构趋向协调发展，促进经济发展。从人口经济学的角度来看，劳动力素质作为劳动力资源的主要组成部分对经济发展的影响是显而易见的。人口素质和劳动力人口素质的变化对经济活动中的生产、交换、分配以及消费等各个方面，都有广泛的影响作用。当人口素质与经济发展相适应时，就会促进经济发展；如果人口素质尤其是劳动力人口素质普遍低下时，则会阻碍经济发展。

经济条件对于人口质量的影响主要体现在经济条件对于人口受教育程度和人口预期寿命的影响上。关于收入水平与人口受教育程度的关系，根据王少瑾①对国内外相关研究的述评，认为家庭经济背景因素尤其是家庭收入水平对于教育获得的影响的实证研究基本上证实了家庭收入水平对于子女所获得的教育质量和数量有着显著的影响，并且这一影响在许多国家还表现出加强的趋势。一般而言，收入水平高的家庭，其子女获得的教育数量多，同时获得的教育质量较好。对于人口预期寿命来说，收入水平较高的家庭除了从营养上保证家庭成员身体所需从而具有一个良好的身体素质外，还体现在能够保障家庭成员经常做体检（至少从经济能力上保障），及时排除身体器官的相关病变，更主要的是即使生病了也能得到及时的治疗，使得因病死亡率大大降低。而收入水平较低的家庭，从经济能力上难以保证家庭成员经常性的体检，家庭成员生病了，很多时候是小病能拖就拖，不到万不得已不去医院做彻底检查，往往导致疾病不能及时排查，而生了病特别是大病后又难以从经济上承担相关医疗费用，导致其因病死亡率远远高于收入水平较高的家庭成员的因病死亡率。总之，经济条件影响着人口的质量，而且经济条件与人口质量的关系是正相关的。

3. 人口结构与经济的关系

人口结构是指某一国家或地区一定时期内人口的构成状况，可以分

---

① 王少瑾. 收入水平与教育获得——一个述评[J]. 江淮论坛，2008(5).

为人口自然结构、人口经济结构、人口社会结构、人口质量结构和人口地域结构等。而人口的自然结构是其他人口结构的基础，因此，本文重点分析人口自然结构与经济的关系。其中，人口自然结构又可分为两个方面：一是人口性别构成，即人口总体中男性人口与女性人口之间的比例，也称为人口性别比；二是人口的年龄结构，即人口总体中非劳动年龄人口数与劳动年龄人口数之比。

（1）人口性别结构与经济的关系。人口性别结构一般用人口性别比来反映。人口性别比一般是指100个女性所对应男性的比值，联合国设定的正常值为102～107。人口性别结构对经济发展和就业都有影响，因为不同地区和行业都有自己所需要的劳动力结构。例如，在矿区和某些重工业集中的城市，需要男性工人多，而一些轻工业，如电子工业、服装业等，就需要较多的女性工人。事实上，经济发展水平同样在一定程度上影响着人口的性别结构，汤兆云①等人的研究结论表明：出生性别比与人均地区生产总值的关系表现为复杂的三次曲线关系，1 500美元是个临界点，低于该值时逐步上升，高于该值时逐渐下降，渐趋正常值域。

（2）人口年龄结构与经济的关系。按照国际通用的人口老龄化标准，一个国家60岁及以上老年人口达到总人口数的10%或者65岁及以上老年人口达到人口总数的7%以上，这个国家就属于人口老龄化国家。当一国进入老龄化社会后，人口抚养压力就会比较高，相应的劳动人口所占比例就会降低，劳动力资源的相对缩减必然会减缓经济发展。当一国的老龄人口较少时，劳动力资源就会相对充裕，与此同时，社会养老负担也会较小，必然有利于经济的发展。事实上，经济发展也会影响到人口的年龄结构，这种影响主要是经济条件通过影响出生率间接影响到人口的年龄结构。

4.人口分布与经济的关系

（1）人口地域分布与经济的关系。人口的地域分布是指一定时点上人口在各地区的分布状况，是人口在空间上的表现形式，具体表现为该时点当地的人口密度。人口地域分布对经济发展的影响集中体现于局部地区人口规模增长对经济发展的作用。人口增长产生的需求压力有助于技术创新能力的提高，高度集中的人口带来了充足的劳动力供给，有利于地区人力资本水平的提高和经济的进一步发展。经济发展水平较低的地区由于“知识资源”的大量流出，造成经济发展的人力资源优势

① 汤兆云，郭真真.生育政策与经济水平对出生性别比偏高的分析[J].人口与经济，2011(1).

更加缺乏,使得地区经济增长步伐更加缓慢,陷入“低人力资本水平—低经济增长”的恶性循环。因此,在顺应经济发展规律,建立更加顺畅的人口流动机制的同时,协调人口、资源、环境的关系,加强落后地区经济建设和人力资本建设扶持,是人口地域分布与区域经济协调发展的重要内容。还应该看到,人口地域分布过度集中、中心地区的过度城市化也带来了资源紧缺,生态环境破坏严重,住房交通拥挤,社会治安混乱等一系列负面效应,制约着经济的可持续发展。

(2)人口城乡分布与经济的关系。随着经济发展和工业化过程的推进,会出现由于经济的发展,人口由农村向城镇流动从而使城镇人口不断增加,由此而引发的人口城乡分布的变化。人口城乡分布的变化以及其变化的内容、变化的过程都将对经济的发展产生巨大影响。相比之下,由于经济发展和社会资源的集中,城市中聚集了大量的高素质人力资源,同时也具有资本、信息和高新技术等优势,所以城市非农人口与农业人口在促进经济发展方面的效果不同,一般来说非农人口比例越高,经济增长率也越高,城市人口在经济发展中发挥更大的作用。非农人口与农业人口是此消彼长的关系,随着经济的发展,大量农业人口转移到城市,为工业化提供劳动力,促进了整个国民经济的发展。

综合上述,人口与经济发展有着内在的、本质的联系。人口不仅影响着经济的发展,经济发展反过来也影响着人口的变迁。这种影响作用时而正相关,时而负相关,这就要求国家在制定相关的人口政策和经济政策时,必须兼顾人口和经济两个方面,才能达到政策预期的效果。

3.1.2 人口与社会关系

1. 人口与社会分层

社会分层是将一个国家或一个地区的人口以一定的标准区分出来的社会集团及其成员在社会体系中的地位层次结构、社会等级秩序现象。人口状况影响着社会分层,同时,社会分层也作用于人口变迁。

从人口对社会分层的影响来看,又可分为宏观和微观两个层面。在宏观层面上,人口增长和社会分层是一个同向增长的过程,技术进步不仅带来人口的增长,同时也促进社会分工的发展,社会分工的加深使得社会的层级位置增多,给人口的阶层流动提供了空间。在微观层面上,家庭可以通过改变生育数量和小孩的受教育也即提高小孩的素质来改变家庭的社会地位。有研究显示,家庭子女数量与其社会流动有着一定的相关关系,一般而言,家庭子女数量越少,其向上流动的可能性就越大，反之则越小。

社会分层对人口的影响体现在生产、再生产和人口过程上。归纳起来，也可以将其概括为宏观和微观两个层面：在宏观层面，不同社会阶层的人口经历着不同的经济增长和知识增加，社会变迁改变了不同阶层人口具有的知识增长潜能和资源占有机会，迫使社会面临结构性重组。在微观层面，阶层和阶层结构的历史延续性使原有较高地位的人能够获得更多的知识和信息，而本就处于社会较低地位的人由于信息缺乏而步入相对贫困的境地，进一步加剧资源和财富分配的不平等，加剧了不同阶层的人口群体对紧缺位置、报酬等资源的竞争能力的差异①。

2. 人口与社会变迁

社会变迁是指一切社会现象发生变化的动态过程及其结果。它有着比社会发展、社会进化更为广泛的含义。社会变迁的内容主要包括文化变迁、经济变迁、技术变迁、人口变迁等。可以发现，人口变迁也是社会变迁的一部分，事实上，人口与社会变迁的关系是互动的，人口增长影响着社会变迁，社会变迁也影响着人口增长。总之，人口数量与社会变迁是相辅相成的。

齐波拉和契尔德在《世界人口经济史》中就曾指出，科学技术的发明和运用会对人口增长产生制约和推动作用。科学技术的进步会不断地推动人口增长，也就是说，技术发明是偶然的，但其结果是必然的带动了人口的增长。这一理论认为，某些技术发明的出现增强了人类的生产能力，能为更多的人提供生活资料，于是人口增长速度加快，人口总数增长。反过来，人口数量又影响着技术变迁，朱利安·西蒙认为人类创新能力的增加与努力解决问题的人脑数量成比例，也就是说人口增长是新技术发明以及推广运用的基础。事实上，伴随着技术的变迁，人类的生活、消费习惯也随之改变，也就是说，人口与社会变迁的关系体现在社会生活的方方面面。

概括起来讲，人口与社会的关系是十分复杂的，而且这种关系是互动的。人口数量和质量的变化会对社会变迁产生影响，而社会变迁本身也包含了人口数量和质量的变化。因此，在处理社会发展问题时，必须把人口因素作为重要的影响因素加以分析考察。

---

① 佟新. 人口社会学[M]. 北京：北京大学出版社，2006.

3.2 贫困与区域经济社会发展

3.2.1 贫困与区域环境的恶性循环

人口(Population)、贫困(Poverty)和环境(Pollution)是社会经济发展中著名的“3P”问题。“3P”问题在发达国家已基本上得到较好控制。然而在努力寻求经济快速增长,产业结构和消费结构还处于转型期的发展中国家,“3P”问题仍严重困扰着社会经济的发展进程。特别是在经济脱贫与消除环境污染两个方面往往顾此失彼。发展中国家的工业化发展被发达国家认为造成了地区乃至全球的环境恶化而备受指责,发展中国家坚持认为贫穷才是造成环境退化的根本原因,工业化发展是为了更快地消除贫困。但一个严峻的事实是:环境正在急剧地退化,在很多地方已开始影响到当地的经济发展。因此,从某种意义上说,贫困问题是一个生态问题,贫困状况的发生和贫困程度的大小与生态环境状况存在着极为密切的关系。贫困与生态环境的恶性循环不可避免地对区域经济社会的可持续发展造成重要影响。

要实现区域的可持续发展,必须了解贫困与区域环境之间密不可分的联系。对贫困可能给自然环境带来的破坏人们早有认识,但把贫困问题普遍看作是发展中国家环境退化的主要诱因则是从1982年联合国斯德哥尔摩人类环境大会后才逐步形成的。《斯德哥尔摩宣言》确认影响发展中国家环境退化的主要因素不是工业化而是贫穷。在世界环境与发展委员会1987年《我们共同的未来》报告中进一步强化了贫困认识,把减轻发展中国家的贫困定格为全球可持续性发展的轴心。贫困认识的深化,有助于环境资源的保护和区域可持续发展的纵深推进。

美国经济学家迈克尔·P. 托达罗在《经济发展与第三世界》中曾经提出用地域差异理论来解释贫穷国家经济发展缓慢的原因。他指出:从整体来看,当今第三世界国家所拥有的自然资源要少于目前发达国家开始他们现代经济增长时所拥有的资源。除了少数几个第三世界国家拥有世界需求日益扩大的大量石油、其他矿产品和原材料资源外,大多数不发达国家,如几乎占世界人口1/3的亚洲国家,自然资源都很贫乏。根据2011年国务院扶贫开发领导办公室《中国农村扶贫开发纲要(2011—2020年)》对贫困县的认定,在中国,贫困地区一般存在于山区,在592个国家级贫困县中，位于14个连片特困地区的贫困县就多达440个，占全国贫困县总数的74.32%。这些贫困地区自然条件恶劣，地势险峻陡峭，生态环境脆弱。同时还伴随着高寒、霜冻、干旱、风灾、泥石流等自然灾害。如位于长江上游大巴山和巫山山系交汇的渝东北和渝东南地区，山地面积占了近90%。山高坡陡，土层瘠薄，成为区域人口贫困的一个重要原因。

赫晓霞等认为“贫困是最大的污染者”，贫困与环境恶化之间存在着显著的相互作用关系。事实上，贫困之所以会造成环境退化，根本原因就在于贫困和自然环境之间的关系体现得更为直接和具体，贫困人口为维持自身生存的基本需要必须对周围的自然环境表现出更高的依存度。他们通过砍伐森林、开垦荒地等途径来增加粮食生产与供给，但当人口的不断增长超过粮食的供给能力时，新一轮的开荒毁林又开始了。在没有外部经济资源注入的情况下，贫困人口不得不简单地依赖开垦更多土地的办法来满足人口增长对食物的需求。一旦适宜耕种的土地被开垦殆尽，垦殖活动就必然移向那些山高坡陡的地方。这种对资源利用层次过于单薄的生产方式，集约化程度低，单位面积供养的人口也十分低下，因而对生态环境的破坏也就格外突出。与此同时，恶化的生存环境还不断导致水污染或缺乏，以及疾病的蔓延，使得贫困人口的身体素质进一步降低，劳动生产率进一步下降。自然资本和人力资本的损失造成生态的压力和产出的下降，这只会使贫困人口更加依赖于环境资源的掠夺，贫困和环境退化的恶性循环陷阱由此加深。

因此，对于经济发展尚处于初级阶段，面临着满足人们基本生活需要的许多发展中国家和地区来讲，贫困和不发达是环境退化的根本原因。它们长期处于贫困、人口过度增长、环境持续恶化的恶性循环之中。打破这一循环的根本出路在于保持适度经济增长，消除贫困，增强其保护环境的能力。

3.2.2 贫困与区域经济发展

贫困既是一种经济现象，也是一种文化精神现象。贫困既是人口的贫困，也是区域发展的贫困。贫困人口的收入差距与经济贫穷决定其思维方式和行为方式，他们不仅对所在区域的经济可持续发展产生重大影响，也对所在区域的社会和谐环境营造和社会治安环境治理产生不可忽视的严重影响。一般分析表明，在贫困人口身上，除经济致贫外，守旧的意识、落后的观念、缺失的教育等也是导致贫穷的重要因素。贫困人口的文化精神贫困则在一定程度上制约所在区域经济发展和扶贫开发的进程。

从我国的实际情况来看,贫困人口往往集中在“老、少、边、穷”,生态环境相对脆弱的山区。由于受制于环境和教育资源,贫困人口不仅在经济上囿于贫穷,而且在认知水平上也处于较低状态。为了获得更多的粮食、燃料和收入,不得不过度地利用和掠取资源,造成生态环境的退化与恶化。大量贫困人口的存在,无疑成为我国区域经济长期稳定增长的瓶颈,同时也对社会的安全稳定构成巨大的威胁。贫困问题的解决对于社会的稳定、经济的长期持续增长、国家的繁荣富强起着至关重要的作用。

1. 从收入差距看贫困与区域经济增长的相关性

我国经济在以平均每年8%以上高速度增长的同时,居民收入差距也在逐步呈扩大趋势。全国除绝对贫困人口有所减少外,相对贫困人口数量却有增无减。2011年底,全国贫困人口为1.28亿(农村居民家庭人均纯收入低于2 300元人民币/年为贫困人口)。随着贫富的两极分化,富裕群体的平均收入与贫穷群体的平均收入的极差也越来越大。

从收入差距看,贫困与区域经济发展之间存在着比较复杂的关系。经济的长期稳定增长要以收入分配的改善为目标。收入分配的改善不是收入分配的平均化,而是要把收入差距控制在一定的合理范围之内,既要保持经济的长期稳定增长,又要降低贫困人口的数量,从根本上解决贫困问题。经济的长期稳定增长不能单一追求经济的增长速度,要以科学的增长观为指导,全面统筹区域发展差异和经济增长效益。经济增长的结果对贫困群体要有实质性的改善,而不能以地区经济发展的差距拉大为前提,否则,贫困问题不但不能解决,反而有继续扩大的趋势。因此,贫困问题的最终解决依赖于经济的长期稳定增长和区域经济发展,只有在经济发展的基础上增大就业空间和机会,提升贫困人口的就业能力,才能有效地消除区域贫困。

2. 从人口素质看贫困与区域经济发展的相关性

对于大多数不发达地区来说,贫困往往是双重的综合,即物质贫困和精神贫困相交织、经济贫困与文化贫困相伴随、贫困人口与人口贫困相共生。

人口素质包括身体素质、智力素质(文化素质)和非智力心理素质(心理素质)。人口素质的高低本身只是经济发展的必要条件,而不是首要条件。从经济发展角度看,人力资本的积累就是人口素质的提高和改善问题,人力资源的开发则是人口素质的开掘和转化问题。只有当人口素质存量在提高的基础上不断转化,才能真正促进区域社会经济发展,实现脱贫致富的目标。

虽然目前关于人口健康状况与区域经济发展的关系讨论尚不多见,人口的健康素质对经济的影响也较为间接。但事实是,一个人的健康存量越低,对经济发展的负效应越显著。从中国残疾人口的地理分布看,残疾和贫困表现出高度的相关性。农村高于城市,贫困地区高于富裕地区,西部地区高于东部地区。这种现象则在一定程度上表明人口健康素质水平与地区经济发展的相关性。

现代区域经济增长实践表明,高素质的人力资源是影响区域经济持续稳定增长的关键性因素。有资料显示,在经济发达国家的经济增长历程中,科技进步的份额已由20世纪初的5%~20%,增加到20世纪中叶的50%~70%,目前已高达85%~90%。而周绍森、胡德龙的研究显示,中国经济增长中的科技贡献份额预计要到2020年才会达到60%,国内的不发达地区则更低①。这表明教育和科技对于经济发展的正效应在中国还远远没有发挥出来,或可以说人口的文化贫困在一定程度上抑制了区域的经济增长。

进一步的考察表明,在20世纪80年代末期,中国地区经济发展水平差异的背后有着深刻的人口文化素质差异根源,更不用说在现阶段,文化素质的高低对生活质量差距的进一步拉大。我国东、中、西三大经济带在经济发展指数、生活质量指数和文化素质指数方面存在着明显的对应性,而且人均国民生产总值的地区差异要大于人均农业总产值的地区差异,这在一定程度上说明是因非农产业发展程度不一致造成。一般来说,文盲、半文盲人口总是与体力型劳动方式相联系,即使向非农产业转移,也摆脱不了体力劳动的束缚。反之,文化素质越高,可供选择的就业机会越多,从事的劳动方式可能也较为复杂,特别是对市场的适应力、判断力和竞争力往往较高。另外,物质贫困的背后常常伴随有精神贫困的现象。在许多贫困人口身上,表现出听天由命的人生观、得过且过的生活观、重农抑商的生产观、好逸恶劳的劳动观、温饱第一的消费观、有饭同吃的分配观、崇拜鬼神的文化观、重义轻利的伦理观、终守故土的乡土观、多子多福的生育观等,这些产生于精神心态上的贫困,使得贫困人口缺乏创业冲动和承受风险的能力,构成区域社会经济持续、稳定发展的

---

① 周绍森,胡德龙.科技进步对经济增长贡献率研究[J].中国软科学,2010(2).

严重障碍。

总之,人口素质与贫困以及区域经济增长之间有着很强的相关性,在贫困地区的扶贫开发中,不仅要注重经济扶贫,还要注重文化扶贫以及精神扶贫,只有充分调动贫困人口脱贫致富的内在积极性,才能形成贫困地区经济发展最为重要的动力机制。

3.2.3 贫困与区域社会发展

不论社会发达与否,贫困人口总是存在的。只是贫困人口在社会的现代化进程中不断地分化与整合。一部分贫困人口可能在"穷生变"的演变中奋发图强,改变了身份;一部分贫困人口基于各种因素的制约,安分地守着贫道,继续深陷于贫穷的困境;少部分贫困人口则靠非法手段谋取生路,"饥生盗",继而抢、骗、毒、赌、黄,应验着"贫穷为万恶之源"。因此,从某种意义上讲,大量贫困人口的存在,会恶化区域的社会治安环境,增大区域的社会风险与整治难度。

物质上的贫困不仅对贫困人口本身有害,也对区域社会发展有害。对于贫困人口自身及其家庭来说,贫困的现实对他们的健康、教育、就业、住房、家庭生活等各个方面都有着一定程度的损害。在商业化的城市社会中,贫困人口的购买力低下,这不仅会导致他们在物质生活方面困难,而且还会导致他们难以平等地享用城市教育、医疗及其他各方面的服务。贫困人口在这些方面的落后会使他们的文化素质和生理素质低于非贫困人口,从而间接地导致他们的社会阶层地位下降,同时,也导致"贫困代际传递",使他们的下一代仍可能面临贫困的窘境。随着社会经济的不断发展,大多数人的生活水平日益提高,而贫困人口却无法公平地像非贫困人口一样享受到社会经济发展带来的高生活质量,从某种程度上说,这是对贫困人口的一种社会排斥。贫困人口问题的存在也对社会有着负面影响,主要表现在以下几方面:第一,贫困人口问题制约着国民经济的健康发展。贫困人口劳动力资源优势不能充分发挥,影响社会生产的增长,从而制约社会的供给水平。贫困人口群体由于经济条件匮乏,消费能力和水平都低下,从而制约消费需求的扩大。第二,贫困人口问题制约着城市化的发展。农民变为市民是城市化的必经之路,而日益增多的贫困人口极大地制约了城市化的进程。第三,贫困人口的增多以及贫困程度的加剧影响社会的稳定。贫困人口大多是由社会原因造成,社会保障在一定程度上解决了部分贫困人口的最低生存需求,但在健康、教育和社交方面,许多人连最起码的需求都无法得到满足,而且还面临社会歧视、子女教育等精神和心理上的压力。现实生活中面临的这些问题和心理的不公平感可能会刺激他们发生越轨行为甚至犯罪,从而危害社会的安定与团结。

精神贫困构成了区域社会发展的严重障碍。一般而言,贫困主要体现为欠发达地区的贫困。欠发达地区,是一个比较概念,是相对于发达地区而言,欠发达地区在经济发展、政治开明、文化繁荣等方面尚有一定差距,形成区域不平衡格局。欠发达地区的社会发展,存在着区域传统、地方性的因素与现代的、外来的因素之间的二元矛盾和对抗所造成的危机和价值失落。文明与文明之间一种戏剧性的撞击,而在这种撞击中,处于弱势的文明历来都是付出了十分沉重的代价①。在贫困地区,农业社会的静态内向使地域封闭意识深深植入了人们的心里,与工业时代商品经济不相适应,日常生活方式未能融入现代性,把各种新问题、新情况归于既定的思维模式之中:听天由命、消极无为、抱残守缺,害怕“闯”“试”。不敢承担风险,耽于安乐,依赖性强,凡事“等、靠、要”;消费方式陈旧,低级趣味,借助赌、黄、毒等感官刺激寻求满足;交往单一化,人际疏远;科学生产知识贫乏,劳动技能低,获得、截取信息的手段落后,缺少时间观念、公平竞争观念、开拓进取观念。可以说,精神上的贫困是制约贫困落后地区社会发展的一个关键障碍。

3.3 人口贫困的区域发展影响

1. 贫困人口的低自发性消费制约经济增长

出口、投资和消费作为拉动经济增长的三驾马车,在不同区域其贡献大小不同。对于欠发达的落后地区来说,投资拉动受制于区域政策、资源要素和服务环境,出口拉动作用受到限制,而经济增长的主要拉力取决于人们的消费。据资料统计,在人们的总需求中,消费所占的比例约为2/3,因而消费对经济增长的贡献远大于投资和出口。人们的全部消费,实际可分为两部分,一部分是不取决于收入的自发性消费,另一部分是随收入变动而变动的引致消费。其中自发性消费能导致整个总需求曲线的平移,使得经济增长快速提高。增加贫困人口的自发性总支出,比增加富人自发性总支出对经济增长的贡献大,而现实中,贫困人口

① 吴稼稷. 论精神贫困与欠发达地区的社会发展[J]. 江西社会科学,2002(7).

的自发性消费偏低,从而制约了经济的增长。

2. 贫困人口的失业制约经济增长

贫困人口的低文化程度、低培训投入,制约着就业的能力和领域。由于较低就业率的影响,使得收入和投入减少,导致新一轮的低产出出现,这就进入一个"低就业(失业)—低收入—低投入—低产出"的循环圈。依据劳动经济学有关劳动的产出弹性原理,劳动的增长率对经济增长占有相对大的权重。而在我国落后的贫困山区,大量的城镇失业人口和农村劳动力的闲置,说明大量劳动的浪费,其对区域经济增长的制约是不言而喻的。

3. 贫困人口对技术进步的低贡献制约经济增长

技术进步是经济增长的核心。技术进步在经济增长中的作用体现在生产率的提高上,即同样的生产要素投入量能提供更多的产品,使整个产出快速增加。技术进步主要包括资源配置的改善,规模经济和知识的进展。资源配置的改善主要指人力资源配置的改善,即劳动力从低生产力部门转移到高生产力部门中。在我国,农村贫困人口很难从农业转移到工业中,其关键原因在于大部分文化层次较低。对于城市贫困人口,大部分是在竞争中被淘汰的,想进入大企业很难。因此,无论是城市或农村的贫困人口,都对资源的配置有阻力作用。另外,受制于资金限制等因素,贫困人口的子女受教育程度和文化水平也相对较低,从而也制约了整个社会将来的知识进展。总之,贫困人口的存在阻碍了资源配置的改善与知识的进展,从而制约了技术进步,进一步制约了经济增长。

4. 贫困人口对制度的冲击制约经济增长

制度是一种涉及社会、政治和经济行为的行为规则。新制度经济学认为,制度一般对经济增长具有提供激励机制和促进并保证合作的作用。有效率的经济组织需要在制度上作出安排和确立所有权以便造成一种刺激,将个人的经济努力变成私人收益率接近社会收益率的活动,降低交易费用。没有制度约束,交易不可能顺利正常地进行,交易的结果不可能是可预期的和有效率的。鉴于强制性搬迁、国企改制分流、经济负担过重等导致大量贫困人口的存在,对制度的稳定构成了强烈冲击,进而致使家庭离异、学生辍学、暴力频发、静坐上访等社会现象和行为的产生。这样,因贫困而致的社会分裂和冲突的存在,使得现行制度难以发挥其激励功能,不能降低交易费用,从而制约经济增长。

4 三峡库区人口现状与贫困特征

4.1 三峡库区的人口现状

在历经18年的三峡工程建设以及各项移民安置工程的竣工后,三峡库区进入了“后移民时期”,其人口总量、规模、结构等都较移民前发生了整体性变化。人口的数量以及质量的变化,又给三峡库区的经济社会形态带来了翻天覆地的改变,其中涉及三峡库区人口安置和生活保障等人口贫困问题特别值得关注。

1. 三峡工程重庆库区人口总量及地区分布

2011年重庆三峡库区户籍总数为561.82万户,其中重点库区为355.44万户。户籍人口1 532.26万,其中重点库区944.84万人。三峡工程重庆库区主要包括重庆市所辖的巫山县、巫溪县、奉节县、云阳县、开县、万州区、忠县、涪陵区、丰都县、武隆县、石柱县、长寿县、江津区、巴南区以及渝北区,共15个区县。重庆市三峡库区各区县具体人口分布如图4.1所示。

由图4.1可见,户籍数以及人口数排在第一位的是万州区,共有70.47万户、174.56万人口,分别占整个重庆三峡库区的12.5%和11.4%;排在第二位的是开县,共有55.46万户、164.74万人口,分别约占整个重庆三峡库区的9.9%和10.8%;排在第三位的是江津区,共有60.55万户、150.41万人口,分别约占整个重庆三峡库区的10.8%和9.8%;排在第四位的是云阳县,共有44.03万户、134.29万人口,分别约

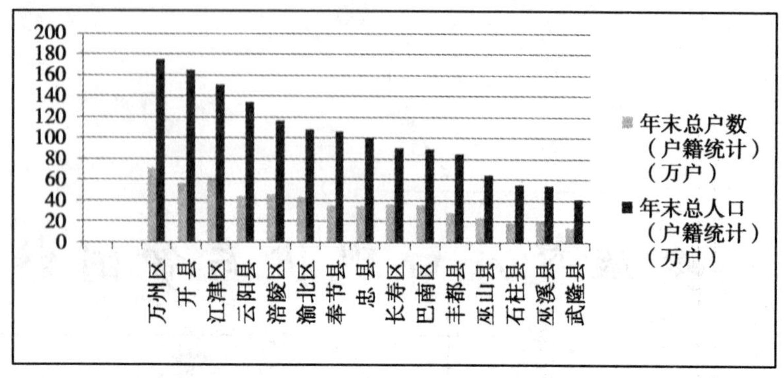

图4.1　重庆三峡库区各区县人口总量分布

占整个重庆三峡库区的7.8%和8.8%；排在第五位的是涪陵区，共有45.89万户、116.50万人口，分别约占整个重庆三峡库区的8.2%和7.6%；排在第六位的是渝北区，共有42.55万户、107.61万人口，分别约占整个重庆三峡库区的7.6%和7%；排在第七位的是奉节县，共有34.85万户、106.26万人口，分别约占整个重庆三峡库区的6.2%和6.9%；排在第八位的是忠县，共有34.14万户、100.52万人口，分别约占整个重庆三峡库区的6.1%和6.6%；排在第九位的是长寿区，共有35.96万户、90.65万人口，分别约占整个重庆三峡库区的6.4%和5.9%；排在第十位的是巴南区，共有34.97万户、89.06万人口，分别约占整个重庆三峡库区的6.2%和5.8%；排在第十一位的是丰都县，共有27.47万户、84.21万人口，分别约占整个重庆三峡库区的4.9%和5.5%；排在第十二位的是巫山县，共有23.13万户和63.76万人口，分别约占整个重庆三峡库区的4.1%和4.2%；排在第十三位的是石柱县，共有19.03万户和54.45万人口，分别约占整个重庆三峡库区的3.4%和3.6%；排在第十四位的是巫溪县，共有19.37万户和53.96万人口，分别约占整个重庆三峡库区的3.4%和3.5%；排在第十四位的是武隆县，共有13.95万户和41.32万人，分别约占整个重庆三峡库区的2.5%和2.7%。

2. 三峡工程重庆库区人口年龄分布(图4.2)

按年龄分布来说，0—18岁人口有312.84万人，约占重庆三峡库区总人数的20.4%；18—35岁人口有323.99万人，约占重庆三峡库区总人数的21.1%；35—60岁人口有638.83万人，约占重庆三峡库区总人数的41.7%；60岁以上人口有256.6万人，约占重庆三峡库区总人数的16.7%。

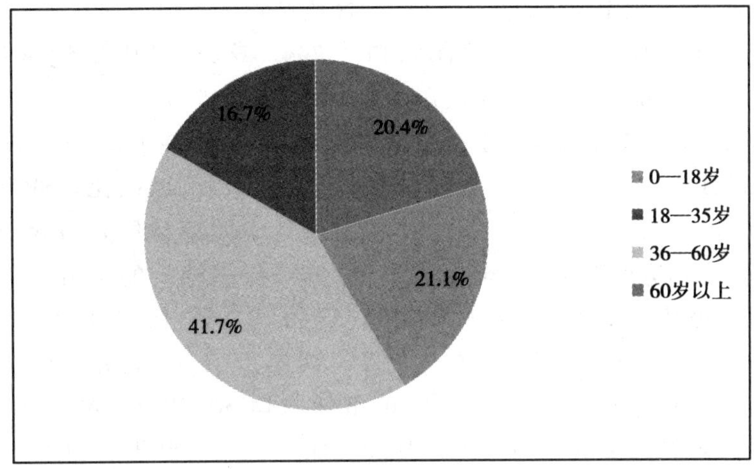

图 4.2　重庆三峡库区人口年龄分布

从以上数据及图 4.2 可以看出占比最大的是 35—60 岁的中年人口，其次是 0—18 岁的未成年人口，继而是 60 岁以上的老年人口，而拉动社会生产力的生力军，即 18—35 岁的青壮年人口数则排在最末。这代表未来 5～10 年，重庆三峡库区人口老龄化问题将会日渐严重，给该区域的人口贫困化问题带来新的压力和挑战。

3. 人口城镇化水平及地区分布（图 4.3）

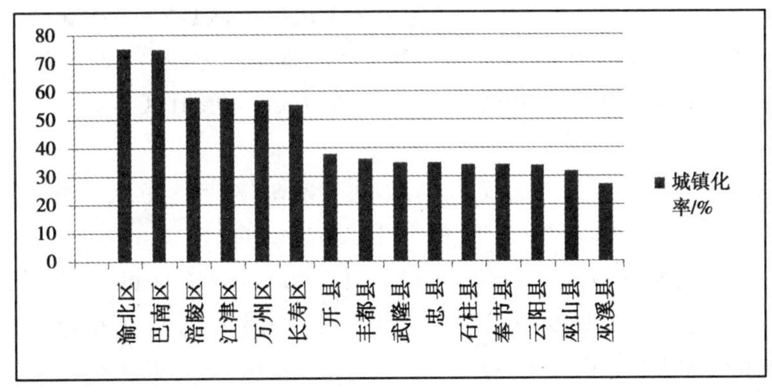

图 4.3　重庆三峡库区各区县人口城镇化率

城镇化是一个具有广泛含义的概念。从狭义上讲，一般是指人口城市化，城市数量的增加和城市规模的扩大，人口在一定时期内向城市聚集的过程。其实质含义是，人类进入工业社会时代，社会经济发展导致农业活动的比重逐渐下降，非农业活动的比重逐步上升，与这种经济结构的变动相适应，出现了乡村人口逐渐降低，城镇人口比重稳步上升，居民点的物质面貌和人民的生活方式逐渐向城镇性质转化和强化的过程。按照国家统计局规定,城镇化率=城镇人口/总人口(均按常住人口计算)。

2011 年重庆三峡库区常住人口 1 294.73 万,其中城镇常住人口643.7万,农村常住人口651.03万,城镇化率为约 45.3%。

由图 4.3 可知,城镇化水平最高的是渝北区,常住人口 138.64 万,其中城镇常住人口 104.14 万,农村常住人口 34.5 万,城镇化率约75.1%;排名第二的是巴南区,常住人口 93.47 万,其中城镇常住人口 69.68 万,农村常住人口 23.79 万,城镇化率约 74.6%;排名第三的是涪陵区,常住人口 108.36 万,其中城镇常住人口 62.37 万,农村常住人口 45.99 万,城镇化率约 57.6%;而排名倒数三位的分别是云阳县、巫山县和巫溪县。云阳县常住人口 91.11 万,其中城镇常住人口 30.78 万,农村常住人口 60.33 万,城镇化率约 33.8%;巫山县常住人口 48.99 万,其中城镇常住人口 15.47 万,农村常住人口 33.52 万,城镇化率约 31.6%;巫溪县常住人口 40.95 万,其中城镇常住人口 11.02 万,农村常住人口29.93万,城镇化率约 26.9%。

4. 三峡库区人口贫困现状

重庆市作为"大城市带大农村"二元经济结构特征明显的城市,所辖 40 个区县中有 14 个国家级贫困县、4 个省级贫困县。这 18 个贫困县中处于三峡库区(重庆)的有 10 个,包括武陵山、万州、丰都、武隆、开县、云阳、奉节、巫山、巫溪、石柱 9 个国家级贫困区县和一个市级贫困区县——涪陵。

按照国家 2 300 元的新贫困标准,全市现有贫困人口 202 万,其中农村贫困人口 145.3 万,且 50% 以上分布在边远高寒山区,贫困面广,贫困程度深。

2011 年,重庆市农村居民人均纯收入为 6 480 元,重庆三峡库区农村居民人均纯收入为 6 080 元,比整个重庆市平均水平低出 6.2 个百分点。其中农村居民人均纯收入最低的隶属于重庆三峡库区的三个区县分别是巫溪县、巫山县以及奉节县。巫溪县农村居民人均纯收入为 4 526 元,比整个重庆平均水平低出 30 个百分点,比重庆三峡库区平均水平低出 25 个百分点;巫山县农村居民人均纯收入为 4 867 元,比整个重庆平均水平低出 24.8 个百分点,比重庆三峡库区平均水平低出 19.9 个百分点;奉节县农村居民人均纯收入为 5 200 元,比整个重庆平均水平低出 19.7 个百分点,比重庆三峡库区平均水平低出 14.5 个百分点。

恩格尔系数是考察人口贫困的重要指标之一,反映了食品支出总额占个人消费支出总额的比重。重庆三峡库区各区县恩格尔系数如表 4.1 所示。

表 4.1　重庆三峡库区各区县恩格尔系数表

区　县	恩格尔系数	区　县	恩格尔系数
全　市	0.47	三峡库区	0.47
渝北区	0.48	石柱县	0.55
巴南区	0.48	开　县	0.51
长寿区	0.48	云阳县	0.52
江津区	0.48	奉节县	0.51
涪陵区	0.46	巫山县	0.51
万州区	0.40	巫溪县	0.50
丰都县	0.51	武隆县	0.47
忠　县	0.47		

由表 4.1 可知，三峡库区与重庆市恩格尔系数基本持平，为 0.47。三峡库区各区县中恩格尔系数明显高于该指标的有丰都县、石柱县、开县、云阳县、奉节县、巫山县、巫溪县，表明这些区域的人口消费支出更多地用于食品购买，贫困化程度较深。

除了农村人口贫困，城市人口同样存在程度不一的贫困化问题。2011 年，全重庆市城市居民最低生活保证人数有 56.8 万，重庆三峡库区有 28.9 万，约占重庆总低保人口的 51%，可以说占据了大半壁江山。分区县来说，重庆三峡库区中低保人数最多的三个区域分别是万州区、开县、涪陵区。万州区低保人数有 7.4 万，约占重庆三峡库区总低保人数的25.6%；开县低保人数有 3.3 万，约占重庆三峡库区低保人数的 11.4%；涪陵区低保人数有 2.8 万，约占重庆三峡库区低保人数的 9.7%。（表 4.2）

表 4.2　重庆三峡库区各区县低保人数

区　县	城市居民最低生活保障人数/人	区　县	城市居民最低生活保障人数/人
全　市	568 523	三峡库区	289 042
渝北区	2 674	奉节县	20 754
巴南区	10 957	巫山县	17 034
长寿区	6 363	巫溪县	6 536
江津区	16 605	武隆县	6 713
涪陵区	28 043	石柱县	8 103
万州区	74 103	忠　县	17 665
丰都县	15 400	开　县	33 426
云阳县	24 666		

4.2 重庆区域的贫困现状及特点

1. 农村贫困面广量大,贫困程度深

重庆农村基础差、底子薄,贫困人口多、分布广。在所辖40个区县中,有扶贫开发任务的区县达33个,占区县总数的82.5%;有18个扶贫开发工作重点县,占区县总数的45%,其中国家扶贫开发工作重点县14个,市级扶贫开发工作重点县4个。重庆有贫困村的乡镇达855个,占市属乡镇总数的81.9%;贫困人口主要分布在2 000个贫困村中,占市属行政村总数的19.7%。据2012年统计,重庆有贫困人口202.5万,占全市总人口7.4%。其中绝对贫困人口54万,相对贫困人口148.5万。农村绝对贫困发生率为2.3%,相对贫困发生率为6.2%。

2. 贫困人口空间分布相对集中,贫困地区与其他地区的发展差距还在不断扩大

重庆绝对贫困人口主要集中在以万州区为中心的渝东北地区(大巴山区)和以黔江区为中心的渝东南民族地区(武陵山区),两个区域的绝对贫困人口占重庆贫困人口总数的81%(图4.4)。渝东北地区既是山区又是库区,11个区县中有8个国家扶贫开发工作重点县,1个市扶贫开发工作重点县,有绝对贫困人口284 242人,占全市绝对贫困人口总量的51.7%,贫困人口发生率为3.3%;渝东南地区既是山区,也是少数民族地区和革命老区,6个区县均为国家扶贫开发工作重点县,有绝对贫困人口161 636人,占全市绝对贫困人口总量的29.4%,贫困人口发生率为5.7%。同时,贫困地区与其他地区在发展上的差距还在不断扩大,区域性相对贫困程度在进一步加深。例如,在地区生产总值和地方财政收入方面,2005年和2010年扶贫开发工作重点县地区生产总值和地方财政收入占全市的比重分别为27.1%、20.8%、27.3%和9.2%,地区生产总值占比基本稳定,但财政收入占比却大幅度下降,其经济发展的效益与其他地区的差距明显扩大;在基础设施方面,扶贫开发工作重点县基础设施薄弱,尚有841个村不通公路,按新的人饮标准有550万人饮水困难,1 880个社不通电,39%的村没有卫生室,69%的村没有文化室,52万人患地方病,基础设施建设和公共服务水平明显低于其他区县。

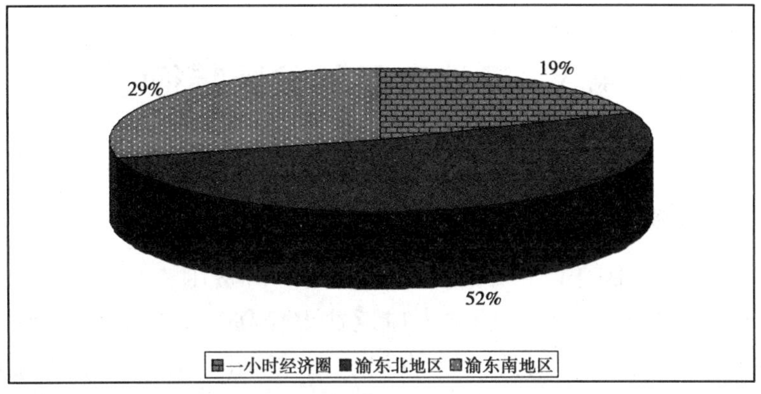

图 4.4　重庆市贫困人口区域分布图

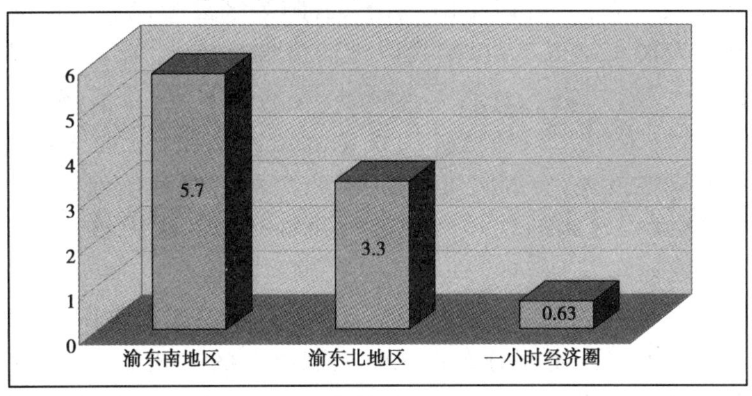

图 4.5　重庆市“一圈两翼”贫困人口发生率比较图

3. 受居住地自然条件和贫困人口自身素质等多种因素的综合制约，贫困治理难度大

一方面，重庆有近 14 万户 50 万人生活在不适宜人居住的高寒边远山区和深山峡谷地区，要使这部分贫困人口脱贫，扶贫开发成本远高于丘陵、平坝地区；另一方面，受贫困人口自身素质限制（贫困人口劳动力具有中学以上文化程度的仅占 21%，接受过专业技能培训的比例更小），以及受身体残疾、智力低下、年老体弱和因病致贫返贫等因素的影响和制约，能力性贫困问题十分突出。重庆尚有 45 万人靠每月基础救济加上零星劳动维持基本生活，贫困治理难度非常大。

4.3 三峡库区的贫困特征

4.3.1 三峡库区的贫困状态与特征

三峡库区是中国最主要的贫困地区之一。贫困人口分布广泛，贫困程度深重，脱贫难度艰巨且脱贫人口返贫率较高。重庆市所辖40个区县中共有14个国家级贫困县、4个省级贫困县，而重庆三峡库区就涵括了10个贫困县，包括9个国家级贫困区县和1个市级贫困区县，约占大重庆贫困县总数的70%，并以巫山、巫溪、云阳等区县为代表。重庆三峡库区经济社会发展水平低下，贫困人口生活极端贫困，生存环境十分恶劣。一些贫困乡村区位偏远，自然灾害频繁，交通闭塞，信息不畅，许多人因环境致贫，脱贫人口又因环境等因素重入贫困队伍，返贫率高达25%。加之原有基础条件差，资源匮乏，当地政府思想观念陈旧保守，对市场需求缺乏敏感，缺少贫困地区经济发展与扶贫开发的强力举措，增大了贫困人口的脱贫难度。

综观三峡库区贫困，从宏观特征上看，一是表现在贫困的地区分布上。三峡库区的贫困主要分布在三峡大坝以上的三峡地区、农村的高寒山区以及部分城乡移民安置点。高寒山区自然环境恶劣、资源匮乏、经济基础条件差，贫困发生率高；部分后靠农村移民安置点和部分城镇移民集中安置点，由于缺乏生产条件和再就业技能，某种程度上移民小区成为了一个贫民社区。二是表现为贫困的主体构成。农村的贫困人口由部分高寒地区居住者，无劳动能力、有疾病缠身、鳏寡孤独者，以及部分农村移民构成。城镇的贫困人口除传统"三无"人员，即无劳动能力、无法定赡养人、无固定生活来源人员外，大量失业人员、下岗人员、困难企业的部分在岗职工、部分企业的退休职工以及部分城市移民也是三峡库区目前城市贫困人口的构成主体。三是贫困程度介于绝对贫困和相对贫困之间。除少数贫困家庭处于绝对贫困外，大多数处于基本贫困状态，即能够勉强维持生存，但不能满足基本需要，与一般居民平均生活水平有较大差距。四是群体特征与形成原因独特。贫困家庭劳动人口所选择的从业方式基本上都是简单的体力劳动。这部分人文化程度低，专业技术知识和技能缺乏，城市普通工人往往成为结构性失业对象，而部分农民则苦守三分地，外出做苦力，成本和风险太大。关于造成家庭贫困的原因,主要是家庭人员收入低,主要劳动力长期下岗失业。此外,家庭成员上学、健康及自然灾害等原因也使得家庭成员教育和医疗开支加重,损失负担加重。

基于性别、年龄、文化程度、从业分布等微观层面,2010 年,三峡库区农村女性贫困发生率为 15.4%,男性贫困发生率为 13.2%。城市女性贫困发生率为 11.5%,男性贫困发生率为 10.7%。城市女性与男性致贫可能性相对接近。农村男性外出从业机会多,致贫可能性小于女性。从年龄分布看,13 岁以下的未成年人陷入贫困的比率为 12.68%,高于 14 岁以上人群近 1 ~1.5 个百分点。究其原因,在家庭总收入差距不太大的前提下,家庭中的人均收入多少取决于未成年人的多少。一般来说,家庭未成年人越多,陷入贫困的可能性越大;家庭未成年人越少,陷入贫困的可能性也就越小。从文化程度与从业者收入相关关系看,文化程度越高,收入就越多,致贫可能性就越小,反之亦然。2010 年,高中、中专、大专以上学历的人口贫困发生率分别为 7.2%、6.87% 和 5.8%,远低于平均水平的 11.13%;而初中以下文化程度的人口,贫困发生率在 12% ~16%,高出平均水平 1 ~5 个百分点,文化程度与贫困率呈反向关系。文化程度越高,从业选择越强,就业方式及收入也就越多。高寒地区农民、城镇临时就业人员贫困率均高于平均水平。丧失劳动能力者贫困率最高,为 41.33%,其余未从业人员贫困率在 16% ~28%。(2011 年前贫困化标准为人均纯收入 1 274 元以下,2011 年后新贫困化标准将人均纯收入提高到 2 300 元以下,以上贫困发生率等数据是按照旧的贫困化指标确定的,新的贫困化指标实施后这些比率应有所增加)。

三峡库区贫困具有历史性和多元性的特点。三峡库区受制于环境与条件,贫困的历史延续和恶性循环在这里表现突出。三峡库区的经济贫困、人文贫困、移民贫困并列交织,不仅经济上落后与贫穷,而且还表现在文化、精神与心理等方面;不仅农村贫穷,城镇存在大量贫困人口,更重要的是出现了新兴的贫困群体——移民。百万移民中有一部分因缺乏谋生手段和就业能力,家庭处于“零就业”状态,除靠做点临时小工别无其他经济来源,生活异常艰苦。贫困人口低水平的经济收入,一则使得基本生活必需品购买不足,影响身体素质和健康;二则有病看不起,为病所困,基本的药费维持使得家庭陷入更贫穷的境地;三则无力投资生产、培训与子女教育,被经济发展、劳动力市场、教育机构和其他的社会参与机会排斥在外,不仅自身致富的机会缺失,也增大了后代的贫困化风险。

4.3.2 三峡库区潜在的贫困化风险

随着三峡工程和由三峡工程所衍生的移民安置工程的逐步竣工，三峡库区的区域结构和人口分布已基本定型。后“三峡移民”时代，由于与三峡工程相关的人口、区域、行政等政策的落实，涉及三峡移民安置的三峡库区各区县的经济社会形态都较三峡工程前发生了巨大的变化。自然环境和社会经济环境的变迁必然导致整个库区系统性变化，造成库区移民以及库区原住人口的生活预期收益不确定性增加，易引发生存和贫困化风险。

世界银行的移民专家迈克尔·M. 舍尼在其专著《移民安置中的贫困化风险分析与经济重建模型》中指出，非自愿移民在经济上面临着八种贫困风险，即①失去土地。对农民而言，土地的失去，严重地影响着移民的农业生产、商业活动和日常生活。②失业。失业存在于城乡。失业者包括农民、企业工人、小商人等。移民实际搬迁后需要很长时间才有可能谋取到一份工作。③失去家园。家园的失去，不仅意味着新的生活重建，从文化角度上讲，更意味着失去文化空间，造成疏离隔绝之感。④边缘化。移民在搬迁的过程中会有不同程度的损失，甚至一定程度上还会造成社会地位的下降。⑤不断增长的发病率和死亡率。⑥食物没有保障。⑦失去享有公共的权益。⑧社会组织结构解体。强制性移民打破了原有的社会关系与组织，会带来生产生活的危机感和不安定感。

除此之外，三峡库区本身是一个生态环境脆弱、地质灾害频繁、人地矛盾尖锐、经济发展相对落后的贫困地区。由于三峡移民的迁入，三峡库区有限的自然资源以及经济社会资源面临更多的人口压力，这给该地区的原住民带来了更大的生存挑战。“后三峡移民”时代，三峡库区的经济社会形态发生了翻天覆地的大变革，库区经济结构转型，社会经济各方面不确定性因素大大增加，在移民专家迈克尔·M. 舍尼的非自愿移民贫困风险基础上又衍生出了更多具有现实思考意义的新贫困风险。具体表现为以下几方面。

1. 失去土地的贫困风险

(1)土地的稀缺。“征用土地使人们失去生产生活和商业活动所赖以生存的基础，这是移民贫困化的最主要原因。因为他们失去了天然的和后天的资源和资本。”三峡工程的一个直接影响就是大量土地将被淹没。据估计，近3.4万公顷的农业土地和河岸被淹没，其中大约有50%为种植粮食作物，22%为果园，1%为鱼塘，10%为森林。Jackson 和 Sleigh 等专家指出，三峡库区土地淹没的经济成本很高，一则在于中国拥有世界1/5的人口，却只拥有7%可耕种的土地，土地在中国成为稀缺资源。二则三峡库区历来粮食短缺，据测算，三峡库区每年需进口粮食12万~15万吨。由此看出，三峡工程淹没土地的经济成本很高。

(2)“以土地补土地”方式的局限。我国对农村移民实施“以土为本，以农安置”途径，采用土地赔偿的方法。但“以土地补土地”政策的最大问题是库区土地的稀缺和贫瘠，无法安置需要转移的数十万农村移民。三峡库区形成后，其中山区、丘陵和平原分别占总面积的74%、21.7%和4.3%，也就是说，绝大部分地区不适于耕种。另外，处于淹没线以上的土地，由于过度的开发和森林砍伐，土壤流失和侵蚀现象严重。加之三峡库区人口密度高，生活方式落后，许多森林都被砍伐用作食物和能源。到20世纪80年代末，三峡地区森林覆盖率降低到10%。森林覆盖率的降低加剧了土壤侵蚀的程度。虽然国家出台了退耕还林政策，积极实施封山育林保护，森林覆盖率大大地提高，但据不完全估计，三峡库区的水土每年仍有上千吨流入长江。许多区县为了发展农业甚至开垦坡度在25°以上的坡地，这种做法只会不断加剧水土流失。与此同时，三峡库区开发新土地的成本也很高。有专家测算，在库区开发出土壤厚度达0.5~1米的0.067公顷的土地需要投资3 000~7 000元人民币，而且这样开垦出来的土地生产力很低，通常其单位产量比被淹没的土地少30%~50%。

2.失去工作的贫困风险

(1)移民重新就业的难度。有专家曾指出：“对于那些受雇于工业、服务业和农业的农村和城市移民而言，失去工资收入的贫困风险十分大。而创造新的就业机会却需要大量的投资且十分困难。失业或者不充分就业的移民通常在被安置以后的很长时间内不能恢复到原来的生活水平。”三峡工程的修建使得33万名农村移民和受雇于1 599个工矿企业的城市移民失去原有工作的机会。虽然政府承诺约60%的移民将得到土地作为补偿从而能够继续从事以前的职业，但仍有40%的农业人口需要通过其他渠道重新安置，面临再就业的压力。

(2)库区原住民失业风险增大。随着大批三峡移民的涌入，有限空间中的人口密度大大增加，自然资源和社会经济资源的人均占有率直线下降，造成了同一岗位的求职竞争者增多。并且三峡移民中不乏对工资要求较低的体力劳动者，这对原住民的就业产生了直接性的威胁，使得库区原住民失业风险增大。

(3)再就业政策的局限。为有效促进库区再就业,国家采取了优先安排移民就业、吸引名优企业到库区投资、政府在投资政策和环境上予以倾斜等一系列举措来规避三峡库区人口的失业风险。如颁发的《长江三峡工程建设移民条例》规定:三峡电站投产后,应当优先安排三峡库区用电;国务院有关部门和湖北省、重庆市人民政府及其有关部门在安排建设项目、分配资金时,对三峡库区有关县、区应当优先照顾;国务院有关部门和有关省、自治区、直辖市应当按照优势互补、互惠互利、长期合作、共同发展的原则,采取多种形式鼓励名优企业到三峡库区投资建厂,并从教育、文化、科技、人才、管理、信息、资金、物资等方面对口支援三峡库区;国家在三峡库区和三峡工程受益地区安排的建设项目,应当优先吸收符合条件的移民就业;国家对专门为安置农村移民开发的土地和新办的企业,依法减免农业税、农业特产税、企业所得税等。这些政策措施的出台,激发了外地企业投资库区产业的积极性,增大了库区人口就业的空间和容量,一定程度上产生了良好的就业趋势效应。但投资库区的产业,必须考虑到资源禀赋、原有基础、产业对接以及环保要求等,然而库区薄弱的经济、工业和人才基础使得高端产业或集群产业无法入住,生态环保要求又对一些能耗大、污染重的生产制造企业设置了门槛限制,落户库区的外来规模企业十分有限。加之库区的绝大多数企业由于各种原因或关闭或亏损运行,就是一些时兴的建筑材料生产企业也因主要搬迁建筑项目的相继完工而结束生命周期,使得一些被安置其中的库区人口又面临失去工作的风险。据统计,2011 年三峡库区年末失业人员数为 4.8 万,占全市的年末失业人员总数的 38%,占全市城镇非私营单位职工人数的 4.3%,高于全国水平 1.3 个百分点。(图 4.6)

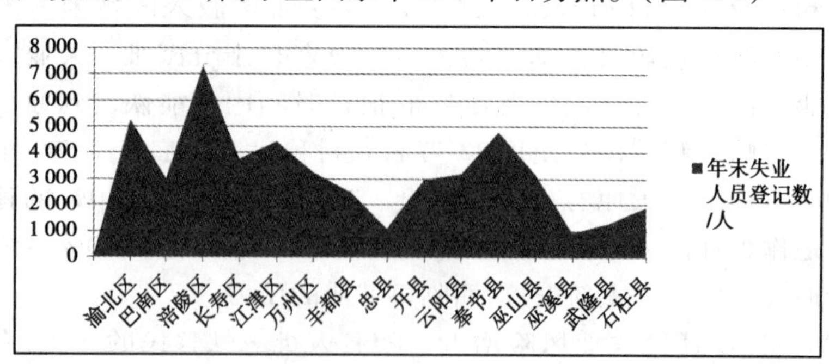

图 4.6　三峡库区各区县年末失业人员数

3. 失去家园的贫困风险

三峡工程的兴建使得 3 479 万平方米的房屋毁损,其中有 1 611 万平方米的房屋在城市地区,1 086 万平方米的房屋在农村地区,751 万平方米房屋属于工矿企业所有，其他还有31万平方米。失去房屋导致的移民贫困风险增大，特别是文化贫困。“对于一些移民而言，失去庇护之所只是短期的过程。可是从更宽泛的文化意义上来说……在失去家园的同时也失去了群体文化交流的场所，导致群体和文化的疏远。”一些外迁移民，由于环境的陌生，语言交流与文化融合的障碍，社会适应性较差，往往在迁入外地不久，怀着浓厚的故土情结，不断返迁或回流。虽然一时满足了心理及精神上的需要，但故乡无户无地无房屋的现实，使得这部分人游离于社会之外，注定贫困漂泊。虽然移民在搬迁过程中，国家对移民拥有的房屋和其他财产制定了相应的补偿标准。但在赔偿过程中，有两个困惑问题值得关注：一是不完全赔偿，二是不合理赔偿。

(1)不完全赔偿。对移民的不完全赔偿，一是产生于从决定赔偿标准到移民行为真正发生之间的时间滞后，二是产生于现有资产的消费者剩余。从支付滞后的成因来看，第一，如果制定赔偿标准时移民社区居民生活水平正在提高，那么延迟支付意味着当移民行为真正发生的时候，移民本应享有更高的补偿标准。第二个不完全赔偿的原因是通货膨胀。在现实生活中，由于政府已经开始意识到前两个问题，因此第三种不完全赔偿的原因更为多见，即由于项目的开工建设导致当地的房地产升值。由于政府制定补偿标准时忽略这一问题而导致对移民的不完全赔偿。从消费者剩余来看，福利经济学家认为市场价格并不完全反映商品或者资产对于所有者的全部利益。“愿意付”和资产的市场价之间的差额即为消费者剩余。按福利经济学的观点，正确的资产损失赔付价格应该是其市场价格和消费者剩余的总和，而不是仅仅考虑资产的市场价值。三峡移民的赔偿计划在移民实际发生前已经制定了；同时，赔偿是建立在实际损失和重置价值的基础上的，消费者剩余并没有被考虑在内，如图4.7AP_mB部分即消费者剩余。因此，不完全赔偿的因素确实存在。

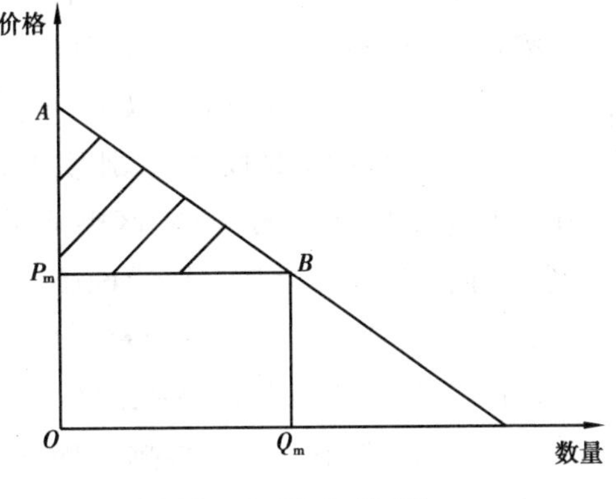

图4.7　消费者剩余

（2）不合理赔偿。移民搬迁补偿中存在“不合理赔偿”问题。国家对三峡库区的投资在三峡项目实际建设以前很多年就已经开始降低了，这就意味着在赔偿标准制定的时点上，三峡移民的生活水平远低于其应有的发展水平。以重庆云阳县为例，国家从1950年到1985年对云阳的投入是98.81元/人，而全国的同期平均水平是1 024元/人，仅相当于人均投入的9.26%。三峡库区的居民为项目的建设牺牲了整整一代人，可是当移民政策开始制定时，其原则是赔偿以实际损失或者重置价值为标准，并没有考虑更多的发展空间。直到2001年三峡移民建设条例修订时，才将适度发展作为移民搬迁赔偿和公共设施重建时的一个考虑因素。但怎样才算适度投入？适度发展？适度赔偿？没有具体的明确规定。模糊弹性的政策使得各利益主体在重建及赔付过程中各执己见，博弈的结果往往以牺牲搬迁移民的利益为多。

当然，三峡库区贫困化的风险不仅存在于安置过程，更在于后续的发展过程。三峡库区的自然、经济与社会环境，库区人口自身的就业能力与社会性适应等，都会成为不确定性的贫困因素。只有对可能出现的库区人口贫困风险加以全面、严密和系统的考察分析，才可能有效地预控和防范库区人口贫困，推进贫困化问题的顺利解决。

4. 经济结构转型导致的贫困化风险

随着我国及地方经济社会各个方面的转型，三峡库区的经济结构也发生了变化，这些转型和变化可能带来新的贫困化风险。第一，涉及搬迁的三峡库区企业纷纷转移，大量淹没企业在搬迁中由于资金要素等行政性配置不到位、产业项目选择不合理及其他外部原因，新的生产项目效益普遍偏低，这给库区本来就薄弱的工业基础造成了更大的打击。第二，在移民迁建中，各级政府把精力主要放在人员转移上，在生产性安置中忽视了对新产业的培育，库区缺乏支撑作用较强的骨干产业和新兴产业，导致库区财政贫困。第三，三峡工程启动以来，库区经济发展主要依赖投资拉动，随着工程竣工，库区后继投资急剧减少，投资增速明显回落，投资对库区经济的拉动力严重削弱，使库区财政收支贫困化风险加剧。第四，由于库区企业本身的质量不高，纷纷面临商业贷款难的问题，使得库区产业融资市场严重疲软，金融环境较差。由于三峡库区缺乏起带动作用的支柱产业，尤其是能提供大量就业岗位的产业，这个问题同就业困难、扶贫任务重等因素交织在一起，影响到库区人民的就业、生活水平和生活质量，使得库区人民面临新形势转型下的贫困化风险。

5. 空巢老人、留守儿童生活与精神双重贫困风险

随着三峡库区城镇化道路的不断深化，大量农村富余劳动力向非农产业和城镇转移，在推进工业化、城镇化和农民生产生活条件不断改善的同时，也引发了一系列社会问题，即空巢老人和留守儿童生活与精神双重贫困问题。

(1)空巢老人的贫困化风险。大部分农村空巢老人生活简朴艰难，居住环境恶劣。他们一般饮食简单，只求温饱，因为年纪大无法修葺房屋，只能蜗居在居住了多年的土屋。并且由于青壮年劳动力的外流，他们不得不仍然下地干活从事农业生产劳动，承担大量体力活。同时由于儿女长期在外，这些空巢老人在本应颐养天年的年纪却无人照顾，有病无人细心照料，有话找不到地方倾诉，十分渴望子女的亲情温暖。这些现象都造成了空巢老人生产生活压力大，既要自我照顾，又要发展生产；既要隔代抚养，又要参与农务，繁重的劳务和心理负担使空巢老人身心承受巨大压力和伤害，造成了精神贫困化风险。

(2)留守儿童的贫困化风险。留守儿童年龄小，自我控制力差，需要有人进行有效的教育监督，才能形成健全的人格。但是目前大多数留守儿童都是由祖父母隔代抚养，农村老年人文化程度普遍偏低，大多老人只能顾及孩子的衣食住行，对学习、心理、道德教育完全不重视。并且留守儿童除了学习，还要帮助家长承担一定的农务劳作，造成课余生活贫乏。这些现象都易造成留守儿童心理不健全、性格孤僻或暴力倾向等心理问题，形成精神贫困化风险。

5　三峡库区人口贫困调查分析

5.1　调查方法与过程

三峡库区人口动迁以来,其生活水平总体上有了较大提高。但因受制于区域经济、社会与自身素质等因素,人口经济的发展受限,部分人口沉溺贫困,甚至贫困被代际继承。截至2011年底,仅重庆三峡库区就尚有28.904 2万城镇人口享受低保,更不用说遍布库区各地的大多数农村人口。

5.1.1　调查方法与地点选择

重庆三峡库区的人口贫困调查,涉及15个区县,要全面而完整地收集贫困人口资料是相当困难的,不仅区域广、贫困人口多,很多还处于流动状态,就是统计整理工作也是难以想象的。考虑到调查的一般性、差异性、重点性和有效性,我们用抽样的办法,于2010年7月在重庆选取万州、云阳两个区县作为调查地点,通过实地走访、生活观察、数据收集、资料查阅等手段,汇聚了大量的一手资料。2010年7月至2011年,又采用问卷调查的方式在相关县域进行了跟进调查。

2010年7月的调查是以重庆三峡库区两个移民点领取最低生活保障金的贫困人口为总体,采用两阶段抽样方法抽取样本。第一阶段在万州的双河口区和周家坝区以10为抽选间隔进行等距抽样;第二阶段在云阳的东城片区领取低保的贫困户中以10为抽选间隔进行等距抽样。共抽出176户贫困家庭作为调查样本。

在重庆三峡库区的调查中，分析单位是领取低保的贫困家庭，访谈对象是领取低保的申请人。当申请人本人不在或无法回答问题时，由其配偶或父母代为回答。综合两地调查结果，共访谈了434户贫困人口。由于调查区域在三峡库区具有一定的代表性，因此，调查的结果对于认识三峡库区的人口贫困问题具有一定的参考价值。

5.1.2 调查过程

为了解贫困人口的基本生存状况采用抽样调查的方法，以贫困人口经济生活状况为内容，除在万州双河口和周家坝片区及云阳东城片区外，另在云阳高阳镇的贫困人口中随机抽取了88户贫困家庭进行了探索性调查。在此基础上，以判断抽样的方法抽取了17户贫困人口家庭，就其经济来源、收入与支出等问题进行了深入访谈。在问卷的编制过程中，结合重庆三峡库区的实际情况设计问卷一共有两个部分：一是重庆三峡库区人口的文化程度；二是三峡库区人口受培训的程度。总共发放问卷720份，回收问卷651份，回收率为90.42%。

5.2 移民贫困的调查分析

5.2.1 移民贫困的基本情况与特征

移民住进了统一规划的新居房舍，面积较之原先也有了很大变化，这是不争的事实。但仅有住房的改变是不行的，移民的生存状态离不开吃、穿、住、用、行、娱等内容，而这些需求又是与经济支撑联系在一起的。移民最先的生产生活是靠搬迁补偿费用来启动，后续的生存发展基本上取决于移民的自身素质与经济能力。然而，移民的搬迁补偿费用或原有的少量积蓄一般在新房入住时就花掉了，不仅超面积部分（与旧房面积之差）要按市场价购买，而且室内装修也是一笔不小的开支。由于受制于自身素质与能力，一部分移民在后续的生存发展中陷入了贫困。

移民贫困人口多为失业者或无劳动能力者。移民贫困家庭主要包括失业人员和下岗人员中未能再就业的低收入家庭，停产、半停产企业中的低收入职工家庭，重残人员的家庭、主要劳动力患病的家庭、部分配偶无职业的退休职工家庭、孤老残幼重负家庭。移民贫困人口与非贫困人口在文化程度、职业、资产、收入来源等方面差别较大，并呈现出一种关联趋势，即越是贫困，投入越少，文化水平越低，产出越少，家庭资产积累越少；反之，非贫困家庭的特征则在一定程度上正好相反。

1. 从调查走访的贫困状态来看

(1)贫困现象普遍。虽然一些移民的居住小区都是外表贴着瓷砖的楼房，但走入室内，给人印象却是家电稀少、摆设陈旧、食物粗糙、卫生落后。据统计，两个县区的库区移民中，贫困人口占了66.1%，其中万州的双河口、云阳的东城安置区，生活处于贫困线之下的移民家庭更是高达88.5%。一些移民家庭日食两餐，靠拾捡垃圾购买口粮，靠拾捡菜市丢弃蔬菜度日。一些适龄青年因家庭困难辍学浪迹于社会，日益被社会边缘化，违法犯罪率较高。

(2)贫困程度较深。库区历史性的贫困决定着移民贫困人口的较大比例。在移民贫困人口的构成中，绝对贫困人口占移民总数的12.5%，更多的则是处于相对贫困状态。从移民的实际收入来看，家庭月收入低于600元的占11.6%，600~900元的占31%，900~1 200元的占31.9%，1 200~1 600元的占13.6%，1 600元以上的占11.9%。以一家三口计算，相当部分家庭要靠政府低保来维持生存，更不用说少数"零就业"家庭。在支出结构方面，调查资料显示，移民收入的47.4%用于食物支出，11.9%用于子女教育，14.2%用于医疗支出，其他支出占26.5%。按恩格尔系数推论，移民的生活水平处于一个较低的状态。

(3)贫困问题不小。这里所谓"问题不小"是就性质而言，指其牵涉面广、诱发的问题多。随着经济社会的转型和区域发展中贫富差距的增大，多方面的利益冲突和矛盾交织在一起，这种情况在库区表现得尤为突出。贫困，不仅作为一种现象，而且作为一种理由成为一个引人注目的利益冲突引发点。据有关部门统计，近几年的上访案件中，来自库区的占了相当比例，其中大部分都是涉及移民的利益诉求。由此可见，贫困问题已成为影响库区不稳定的一个重要因素。

(4)"返贫"现象严重。一些移民家庭刚好摆脱贫困，或因求职的无着，灾害的冲击，家庭成员疾病的缠绕，子女上学的高昂学费等，再度陷入贫困。在调查中，每个移民区域每年都会产生一定的"返贫"人口，据粗略统计，移民的返贫率一般在12%左右。

2. 从调查走访的贫困识别来看

(1)文化程度与贫困。贫困与教育的关系十分密切。贫困的移民中多数是没有受过多少教育的人。从统计数据看，移民受教育水平越高，他们成为贫困人口的比例就越低。如在城市移民中，没上过学的有26%

的人处于贫困状态;而接受过小学教育的移民，他们的贫困比例是8% ，比未接受过任何教育的人低了 18 个百分点;而接受过初中教育的移民，他们的贫困人口比例又进一步下降到了4%;受过高中教育的人，贫困的比例不到2%;而接受过大专以上教育的移民，很少有沦为贫困的。在农村移民中,贫困与受教育的情况基本上与城市移民相近，不同的是，受教育水平的提高，对于减少老年贫困移民的比例，在农村不如在城市明显。总之,从贫困与受教育程度的分布来看，贫困的分布重心主要是未受过教育或受过较少教育的移民。

(2)经济状况与贫困。一般来说,移民的消费水平应该和他们收入水平成正相关，收入水平越高，消费水平一般也越高。从总的趋势看，月支出水平越低,移民贫困的比例也越高，这是符合收入和消费的一般关系的。在2010 年的抽样调查中，在经济条件方面,农村被调查者有56.85%的人月收入水平在500 元以下,有 62.5%的人月支出在500 元以下;城镇被调查者有 64.28%的人月收入水平在 1 100 元以下,有74.16%的人月支出在1 100 元以下。他们的收入主要来自务农、本地务工和外出务工收入,其他收入渠道比较少。家庭最主要的三项支出,城镇和农村的被调查者均认为是食品支出、子女教育支出和医疗支出。在住房条件方面,76.6%的农村被调查者家庭人均住房面积在 40 平方米以下,72.91%的城镇被调查者家庭人均住房面积在 40 平方米以下。有76.16%的农村被调查者人均拥有土地面积在两亩以下。另外,我们在根据移民的实际收入水平和贫困线标准即绝对贫困标准来确定哪些人属于贫困移民时发现，这种客观定义的贫困有时和实际生活水平、经济保障水平并不一致。也就是说，客观上认定的贫困，在主观上可能并不属于贫困。那么移民自己是否认为自己是贫困的,自己生活是困难的,可能对于认定贫困更有意义。2010 年的调查中有这样一个问题:“您觉得自己的经济状况怎么样?”可选择的答案包括“够用有余、大致够用、有些困难、十分困难”四种。如果把回答“十分困难”作为“贫困”的话，我们就可以给出主观认定的贫困线。城市移民中，自己认为经济状况上“十分困难”的比例为22.4%,农村移民的比例就大大高于城市，占到41.3%。如果将经济上“有些困难”也看成是困难人群的话，那么在城市移民中，经济上有些困难的移民比例为15%，而在农村这一比例达到了26%。主观“认知上的贫困”比客观的“绝对贫困”比例大得多。

(3)生活满意度与贫困。贫困导致的不仅是生存上的困难，或者说产生一系列经济上的问题，它更会对移民家庭的和睦与幸福,以及对现有生活的满意度产生影响。从我们的统计数据看,城市移民不和睦家庭贫困的比例为31%,和睦家庭的贫困比例为16%;农村移民不和睦家庭贫困的比例为24%,和睦家庭贫困的比例为22%。在库区,移民家庭总体上是幸福的。如城市移民认为自己家庭是幸福的比例为68.37%,认为不幸福的比例为21.8%;农村的情况要比城市差一些,认为家庭是幸福的比例为49.6%,不幸福的比例为15.28%。但是,如果是贫困移民,情况就会更差。在城市,贫困移民认为自己家庭幸福的比例不到52%,在农村这一比例只有43%。与此同时,有幸福感的移民则贫困比例相对较低,没有幸福感的移民则贫困比例相对偏高。城市中感觉家庭幸福的移民,他们贫困的发生率为13%,相应在农村的发生率就要略高一些,为14%;而那些认为自己家庭不幸福的移民,贫困发生率就会比较高。这一比例在城市为33%,在农村为29%。可以说,贫困和幸福的关系是十分密切的。移民对生活的满意程度与贫困息息相关。一般的情况是,对生活越不满意,贫困发生的比例就会越高;对自己的生活越是满意,贫困的发生比例就会越低。

(4)健康状况与贫困。养老和医疗保险尚未完全覆盖库区,部分移民面临着老无所养和疾病治疗缺失的风险,因病返贫现象严重。库区农村移民搬迁后,人均耕地不足,生产生活困难,部分移民基本生活难以保障,老龄农村移民存在老无所养等问题;农村移民进城集镇安置后,失去赖以生存的耕地,城镇社会保障尚未完全覆盖,面临着养老无着落和疾病治疗缺失风险,需要将这部分人口及时纳入城镇养老、医疗等社会保障体系,保障其生活水平不下降。综合来看,健康和贫困是双向互动的,或者说是互为因果的关系。2010 年的调查中,移民根据自己的感觉对个人健康状况进行了回答。他们可选的回答是:很差、较差、一般、较好和很好。回答自己健康状况很好的人,往往他们发生贫困的比例也比较低,在城市这一比例为11%,农村为15%;而认为自己健康状况较差或很差的移民,他们贫困的发生率,无论城市还是农村都在20%以上。尽管总体趋势是健康状况越好,贫困发生率越低,但数据却表现出了一些微小的不同。比如,贫困发生率最低的,并不是健康状况最好的;贫困发生率最高的也不是健康状况最差的。所以说,健康状况的微小变化,并不会对贫困有明显的影响。除非是健康出现了比较大的问题,此时才有更大的可能导致贫困。从这个意义上讲,也经过实证检验,部分贫困移民的身体素质较差,其中相当部分由肢体残疾和长期患病的移民构成。

(5)交通状况与贫困。库区基础设施和公共服务设施薄弱,功能不完善，标准偏低，不能适应社会发展和经济结构调整需要。库区基础设施和公共服务设施尽管在移民搬迁建设过程中进行了复建和一定发展，但功能不完善及建设标准偏低问题仍比较突出。库区行政村公路（包括机耕路）通达率只有85%，通畅水平较低，部分交通流量较大的农村区域受淹后仅以渡口形式恢复交通，给移民群众生产生活带来不便；农业基础设施缺乏，田间渠系配套差；库区部分移民群众不同程度地存在饮水安全问题；限于历史条件，库区移民迁建城镇公共服务设施仅按淹没实物复建，整体功能考虑不足，难以适应新形势下对城集镇功能的要求，亟待完善提升。

在三峡库区，贫困移民的收入与生活质量处于较低状态。生活入不敷出，家庭支出恩格尔系数高；家用设备数量少，档次低，文化消费支出少；择业困难，“零就业”家庭不少；健康状况不良；子女辍学风险大等指标反映出移民贫困的一个侧面。

（1）经济贫困与环境贫困共存。移民贫困人口经济状况较差，生产投入能力严重不足。除收入和消费水平外，其他经济指标也反映出贫困移民的经济状况远差于非贫困移民。贫困移民人均纯收入约为贫困线的0.96，人均消费支出约为贫困线的0.92。而非贫困移民人均纯收入是贫困线的3.6倍，人均生活消费支出是贫困线的2.5倍。三峡库区的移民位于长江上游生态敏感区域内，自然生态环境十分恶劣，环境的人口超载已普遍存在。贫困作为一种普遍的社会经济现象有着悠久的历史，千百年来的贫困沉淀已对库区脆弱的环境产生负面影响，恶化的生存环境又使贫困进一步加深。经济贫困与环境贫困存在互为相关的恶性循环。

（2）经济贫困与文化贫困共存。移民贫困一方面表现为物质贫困，即低收入、低生产率及低物质供给；另一方面却表现为文化贫困、知识贫困与权利贫困，即受教育程度低、文盲率高、科技文化水平低、劳动生产率低、思想观念落后、缺少话语权等。据调查显示，中年以上移民从业人员中，文盲、半文盲的比例达16.3%，远高于7.1%的全国水平，造成移民从业者缺乏对现代科技知识的了解和掌握，缺乏适应市场经济的谋生技能，更重要的是缺乏发展机会和权利。

（3）贫困常态化与贫困波动化并存。三峡移民存在绝对性贫困，但更多的是相对性贫困。随着地区经济发展失衡和收入差距的拉大，贫富“反差”越来越明显。移民作为一个特殊的社会群体，相对来讲，多出了搬迁中的损耗，增加了新家建设的支出，增添了社会运行的交往成本等，加之移民搬迁的区位选择、城集镇整体功能恢复困难等因素，移民生产生活恢复受到很大影响，难以安稳致富；同时由于补偿机制不健全，部分原来收入较高的群体成为困难群体，移民反应强烈，影响库区稳定。伴随着移民就业的起伏性、保障系统和自身能力的脆弱性，移民收入呈现不稳定趋势。当遇到自身和外界一些不可抗力因素影响时，收入水平就会在贫困线周围上下波动。按"波动性贫困"的可能性进行初步测算，三峡库区移民贫困人口可能超过移民总人口的25%左右。

(4)女性移民贫困比男性移民贫困严重。贫困调查数据显示，无论从经济状况、就业、教育、健康以及社会地位等方面衡量，三峡库区女性的贫困程度比男性严重。2011 年，年收入在2 300元以下的女性为19.2%，女性移民的贫困发生率为8.6%，比男性高0.5 个百分点；年收入在2 300～7 100元的女性移民为49.5%，贫困发生率比男性移民高0.6个百分点。移民女性的贫困问题不仅在当下比男性严重，受制于外出就业机会、文化程度和健康等因素，这种状况还将长期存在。

5.2.2 贫困移民户拥有的资本变化

1.贫困移民户拥有的物质资本变化

调查显示，多数移民户拥有的生产工具没有发生变化，说明了生产方式没有改变，对提高生产效率的贡献有限(表5.1)。多数移民房屋质量及拥有的耐用消费品有较大变化，说明缓贫活动在增加贫困群体的物质资本方面有一定效果。但缓贫活动对缓解贫困群体的脆弱性贡献不大。

表5.1 贫困移民户拥有的物质资本变化情况

物质资本	总户数	物质资本变化的户数/%			
	/户	减少者	增加者	未改变者	无此项资本者
房屋质量	434	7.43	64.86	27.71	0
房屋面积	434	3.43	71.14	25.43	0
粮食产量	148	34.20	28.74	37.07	0
家庭耐用消费品数量	434	4.55	67.16	28.30	0
家里农业生产工具类	148	2.01	19.54	78.45	0
贵重的首饰	434	1.71	3.43	11.43	83.43

2.贫困移民户拥有的金融资本变化

调查显示，缓贫活动对家庭现金收入、农产品销售收入、外出打工收入产生了相对积极的作用，但是这种作用依然局限在不到50%的移民户范围内。这可能与缓贫项目相对低的覆盖率及项目对贫困群体需求相对低的瞄准率有关。值得注意的是,现金收入的增加并没有相应导致储蓄率的提高和获得信贷情况的改善。贫困群体在支付现金化的硬约束,加之低的储蓄率和低信贷率而无法积累抵御风险的金融资本,失去了在财政上缓解脆弱性的能力。(表5.2)

表5.2 贫困移民户拥有的金融资本变化情况

项目名称	总户数/户	金融资本变化/%			
		减少	增加	不变	没有
获得贷款数量	434	6	38	11.14	44.86
获得高利贷数量	434	2.86	21.71	6.29	69.14
借款数量(私人无息)	434	6.53	41.19	11.08	41.19
家中存款	434	3.15	14.61	10.6	71.63
到市场出售农产品数量	148	3.43	28.57	20	48
上门收购农产品数量	148	1.71	22.57	19.43	56.29
外出打工收入	434	6.67	44.55	12.73	36.06
出售农产品收入	148	7.43	34.86	19.71	38
家庭现金收入	434	13.51	50.86	27.01	8.62

3.贫困移民户拥有自然资本变化

从表5.3可以看出,贫困移民户拥有的自然资本在过去几年中改善不明显。农村移民在受灾次数、面积及受灾程度方面出现了恶化的趋势,这一趋势与全国农业生产条件的变化趋势相一致。饮水方面虽然有所改善,但所影响的群体不到40%,自然资本的恶化直接导致了贫困移民户的脆弱性,这在某种程度上解释了最近几年出现的返贫现象。

表5.3 贫困移民户拥有的自然资本变化情况

名　称	总户数/户	自然资本变化/%		
		增加	减少	不变
可用水源	148	28.29	30.86	40.86
受灾次数	148	60.29	15.71	24
受灾面积	148	55.43	20.57	24
受灾程度	148	43.71	38.29	18
稳产面积	148	5.43	54	40.57
小学路程	116	14.34	10.14	75.52
初中路程	89	10.41	7.06	82.53

4. 贫困移民户拥有的人力资本变化

按照表5.4所列的反映贫困移民健康状况的指标，显示贫困移民群体的健康状况有所改善，不论男女，不生病的比例多于生病的比例，即近一半以上的移民贫困群体基本处于健康状态。值得注意的是，贫困群体所参加的培训虽然没有覆盖大多数的移民贫困群体，但仍有相当大的增加。妇女参加培训的机会比较少，显示了缓贫培训活动的性别不敏感性。可以间接地判断2001年以来的扶贫开发对于移民贫困群体人力资本的改善发挥了积极的作用，但存在的问题仍然是如何使受益更加公平。

表5.4 贫困移民户拥有的人力资本变化情况

项目名称	总户数	人力资本变化/%		
	户/	减少	增加	没有
男成年人生病次数	434	27.59	24.71	47.70
男成年人看病次数	434	30.95	24.07	44.99
女成年人生病次数	434	27.51	26.36	46.13
女成的人看病次数	434	28.08	22.92	49.00
男孩生病次数	386	28.57	14.58	56.85
男孩看病次数	386	28.57	14.58	56.85
女孩生病次数	324	37.04	6.48	56.48
女孩看病次数	325	37.23	5.54	57.23
男性移民参加技术培训次数	348	4.89	42.24	52.87
女性移民参加技术培训次数	349	2.87	15.76	81.38
男性移民参加扫盲活动次数	350	3.14	2.29	94.57
女性移民参加扫盲活动次数	349	4.01	4.30	91.69

通过以上对贫困移民户拥有的资本构成及变化分析，可得出如下结论：①贫困移民户自然资本受到不可抗拒因素的影响较多，其生计暴露于风险之下；②贫困移民户的物质资本一般只能维持自身生产和生活的需要，在面临风险的时候不具有转换性，不能转变为可以交换的资产来降低生计脆弱性；③贫困移民户没有可以流动的金融资本积累，并且金融服务的可及性也非常低，他们更多地依赖民间的非正规金融机制；④贫困移民户缺乏对人力资本进行投入的能力，他们中相当部分人没有参加过培训，子女辍学较多，病痛得不到及时治疗；⑤贫困移民户的社会资本主要表现为家庭网络，很少参与各种社会组织，也很难拥有社会权

威，而相对封闭的狭窄的家庭网络使移民在抵御风险和逆境时的能力不堪一击。

5.2.3 移民贫困的基本致因

1. 贫困致因的一般经济学分析

(1)贫困致因的宏观因素。美国学者夏普有一个著名观点:经济的生产可能性贫困。即一个国家或地区的经济在生产可能性曲线上运行，发展状态可能接近其潜能，但贫困依然是存在的。如果一个国家或地区的经济的生产可能性在实现了最大产出后仍然存在过度贫困，其补救措施在于通过改进资本结构，提高劳动力技术水平，以促进经济增长，最终将生产可能性曲线向外推移。如果一个国家或地区的贫困是由于相对无效率的生产方法所致，其补救措施会选择提高生产效率来使整个经济返回到生产可能性曲线上。具体说来，贫困的宏观致因主要有以下几个方面:

资本积累低，存量少。一旦可利用的资本资源稀少，如矿产资源有限，生产资料缺乏，运输和通信网络不发达等，那么资本与劳动比率的低下就会直接造成劳动生产率水平的低下和贫困。

资源的无效率利用。在许多贫困地区，可利用的资源没有被充分有效地使用。要么是传统的方法阻碍了新的和有效的生产技术的使用;要么是极具潜在生产率的土地资源未能得到充分开发或浪费严重。

劳动力质量低下。在发展中国家或一些欠发达地区，劳动力几乎没有受过良好教育，文盲半文盲率高，因而造成劳动力思想观念陈旧，技能水平低下，劳动生产率不高，延缓经济的发展与增长。

技术利用落后。在一定程度上，科学技术是第一生产力。一些贫困地区使用的生产技术是相当落后的，有些甚至是极其原始的，极少有较高水平生产技术的开发和使用，其直接后果就是生产率的低下和人均产品占有率的匮乏。

人口增长率过快。人口压力虽然不是贫困的根本原因，却是造成贫困的一个不可或缺的重要因素。一个国家或地区的人口增长速度超过了经济增长的速度，其人口的社会福利与保障机制就难以跟上，陷入贫困的风险性就越大。

(2)贫困致因的微观因素。依据发展经济学原理，贫困一定程度上取决于人力和资本资源的价格以及就业的数量。

个人或家庭拥有的资源数量和价格。个人的收入取决于自身的劳动价值和资本价值,以及可以使用的资源数量。资源的拥有量和价格水平的差异是决定贫困程度的重要因素。

劳动力资源所有权差异。一是脑体差异带来的收入差异。二是技能水平差异带来的收入水平差异。一般来说,技能水平与报酬是正相关的,技能越高,报酬越高,反之亦然。三是能力利用率差异带来的收入差异。能力利用率是实际收入与赚钱能力的比率。个人之间的收入差异主要在于个人间能力及能力利用率差异。

资源所有权的分配差异。个人及家庭的收入总额取决于资源所有权的分配和多种资源在不同用途中获得的价格。由于资源所有权在个人及家庭间的分配是不公平的,这种资源分配的不公从而引起收入的不公与差异,特别是对处于社会底层的人们更是如此。

资本所有权差异影响。一是个人及家庭拥有的动产与不动产上的差异。二是因经营或自然灾害导致财产或收入上的增减。三是人们不同消费意识的影响,如一些人为了享受将来更多收入,注重储蓄而放弃现期消费;一些人则关心眼前的消费水平而放弃储蓄与资本积累。

2. 移民贫困的基本致因

导致移民贫困问题产生的原因很多,既有历史、文化、教育、观念、资源、区位等因素影响,又有市场经济条件下经营及一些不可确定性因素的影响。诠释三峡库区的移民贫困问题,仅仅依托一种或两种贫困理论,都是不完整的。缪尔达尔在《世界贫困的挑战——世界反贫困大纲》一书中,明确反对套用新古典经济学的理论和方法来研究欠发达地区的贫困,主张基于经济、政治、制度、文化、习俗等视角来研究欠发达地区的贫困问题。托达罗也在《第三世界的经济发展》一书中持相近似的观点,对贫穷地区需要以广阔得多的视野,在一个总的"社会系统"的环境内考察,既要辨析经济的因素,又要确认非经济因素的影响。三峡库区的移民贫困致因也只有放在广阔的"社会系统"中去考量,结论才更具说服力。

分析三峡移民的贫困致因,应从贫困的两个方面去考虑,一是物质上的,即移民经济贫困;二是文化精神上的,即移民在文化精神上表现出的困惑与不适应。三峡库区移民世代居于连片的贫困山区,存在着移民前的历史性贫困。后因三峡工程建设,移民举家从旧地迁往新地,一方面,移民的安家费是补偿性的,不是资助性的,原有固定财产不能保值,在举家迁移安置中,财物资金无形损耗巨大,异地生产生活一时存在各种问题,创建家园困难重重。另一方面,移民从旧地迁往新地,往往有一个文化心理承受与适应的问题。区域文化的迥异,人际民情的落差,结合迁移中的财产损耗以及对发家致富的困惑,移民就会产生文化心理上的贫困与无所适从,恋土情结、怀旧欲望不断增强,从而产生移民回流与贫困的恶性循环现象。具体说来,三峡移民贫困的基本致因表现在以下几个方面。

(1)自然原因。从某种意义上讲,贫困问题就是一个生态环境问题,贫困状态的发生和贫困程度的大小与生态环境状况密切相关。美国经济学家托达罗曾提出"地域差异理论"来解释贫困地区经济发展缓慢的原因。在我国"八七扶贫攻坚计划"确定的592个国家级贫困县域中,几乎都处于山区、高原等自然环境较差甚至恶劣的地区。其中307个贫困县集中在西北、西南以及中部地区的大山区,贫困人口约占全国贫困人口的60%。三峡库区是全国少有的连片的贫困山区,可耕土地稀少,土层瘠薄,自然环境恶劣,自然灾害频繁。经济发展落后,基础设施薄弱,地方财政困难。恶劣的生存环境是造成三峡库区人口贫困的一个重要原因。

与此同时,持续的贫困加剧着环境的进一步恶化。贫困人口为维持自身的基本需求对周边的自然环境表现出高位的依存度,在没有外部经济资源注入的情况下,他们不得不简单地依赖开垦更多土地的办法来获取食物。这种基于温饱压力的生存必然对生态环境造成大的破坏,进一步加剧贫困与环境之间的恶性循环。

(2)社会历史原因。中外研究贫困问题的学者大多持有这样的观点:发达地区的贫困往往是现实原因造成的;欠发达地区的贫困却往往是历史性贫困的积淀。应该说,三峡库区的贫困适用后一种观点。三峡库区的地势和区位决定,长久以来就是一个贫困有加的区域。旧的社会形态和文化传统在相当程度上支配着劳动者的观念和意识。沿袭着古老的生产工具和生产方式,对新事物的接受缓慢甚至抗阻。就其教育收益来讲,特别是在农村,也往往形成一个恶性循环怪圈:文化素质低—不重视教育—文化素质更低。文化教育对个人及家庭经济的增长与促进收效甚微。经济上的先天不足,贫困的代际传承,历史性的贫困已是不争的事实。

(3)经济因素。移民补偿经费有限。百万移民搬迁安置,国家需要拿出巨额资金进行补偿。但国家补偿经费的计算是以某固定年份的静态人口为依据,而在长时间的搬迁动员与实施过程中,传统的农村生育观念使得超生、多生现象屡禁不止,越穷越生,越生越穷。移民家庭人口系数的不断增长，使得人口的预期安置与实际安置之间存在着经费缺口。正是因为移民的搬迁安置费用是补偿性的，不是资助性的，移民的实际损失与风险损失不可能完全得到补偿。

移民搬迁中损失较大。这种损失包含有形财产损失、无形财产损失以及风险损失。移民从旧地到新地的搬迁，特别是远距离的搬迁，在某种意义上意味着一场“革命”。它不仅对移民的文化社会心理进行着改造和调整，而且使移民的原有财产丢失较大。不能带走的大型物件要么丢弃，要么低价处理；系列生产农具因路途遥远或异地生产方式的不同，只好忍痛送人或低价出售；农村生活中的许多日常用品，如石磨、咸菜坛等就只有一走弃之。更不用说庄稼、果树、茶园、林地的损失；小孩的入学转移；经济上的人际关系往来以及迁移过程中可能出现的其他风险因素。这样几代人在停顿发展、低度发展限制下积累起来的仅有的一点家庭物质基础损失殆尽。

新垦土地有一个熟垦期。库区境内山峦重叠，地势崎岖，平坝面积小，山地面积多，土地资源相当匮乏，土地后备资源极为短缺。就地后靠的移民在原来陡坡种植的基础上，不断高移垦荒种植。新开垦的土地一般要经过几年熟化才能种植，更因陡坡土层薄，水土流失重，新垦土地适种性差，抗适性弱，持水、保肥、保土、保墒力不强，抗旱力尤差，难以抵御库区严重的伏旱。若以现有新垦土地生产潜力估算，以人均占有粮食300千克计算，库区缺粮移民将达到28万人。

新家安置所需资金较大。异地安家是一个系统工程，它涉及生产生活的方方面面。虽然国家给予了一定的安家补偿费，但对受影响的大多数丧失了生产生活资料的移民来说，仅靠补偿费难以保证他们家庭的重建，况且一部分移民在拿到赔偿金后因不合理消费或投资失误，生活难以为继，更不用说在重建家园中开荒种地所需的牲畜、农具和肥料等。而且因搬迁过程中的损失，短期内收入来源中断，一笔不小的举家路费开支等，移民创建家园并非想象的那么简单，大多数移民存在着资金困难。另外，迁入新地的移民由于不熟悉当地的生产技术，不能及时改变原有的粗放耕作方式，造成收入结构简单。加之故土难离的思想在移民初期中表现最为明显，不能一心一意地搞生产，这些都不同程度地影响了移民经济状况的改善。

经济负担过重。从家庭结构及支出看，一方面，有残疾人、重疾病患者、无养老金保障的老年人的家庭，往往经济负担较重，容易陷入贫困。另一方面，维护家庭日常开支逐渐增大。饮水、用电、燃料、交通、通信、食品、药品等价格不断上扬，还有子女入学、农村税费等支出。许多移民家庭收不抵支。

收入低下且不稳定。许多城乡移民在就业竞争中被迫失业，丧失收入来源，从而使失业者及其家庭陷入生活的困境。即使艰难谋到一份工作，受区域经济发展水平和自身素质影响，收入也往往在低端徘徊，一般月收入600～1 000元。一部分靠农业种植的移民，更因产量和价格等原因，农业收成仅仅与投入成本持平，一旦偶发性事件发生，很快落入贫困境地。

社会保障制度缺失。移民搬迁时，不论政策和经费，都没有考虑移民后续发展的社会保障。一些隶属于单位的职工移民，社会保障相对好些。一部分城市移民也还享受政府低保，但对广大的农村移民而言，社会保障就完全变成了个人行为。

(4)区域文化因素。区域文化指一个地区长期形成的并为当地居民所享有的文化，它只会出现在某些特定区域。在我国，可划分出若干文化区域，如中原文化、齐鲁文化、吴越文化、岭南文化和巴蜀文化等。三峡库区历史上是巫文化所在地，现今属于巴蜀文化范畴。巴蜀文化与其他区域文化之间存在着文化表象差异，即库区移民不仅具有自己独特的物质文化，而且在风俗、宗教、生产生活方式、行为规范以及价值观念等非物质文化方面也有着自己特殊的异质。从区域文化角度看，三峡库区的移民就是从巴蜀文化区域向其他文化区域迁移，这必然面临一个区域文化差异。根据前期移民的迁移情况得知，区域文化差异给一些库区移民提出了两种主体反映。一是文化中心主义，即坚持自己固有的巴蜀文化，对迁入地文化采取排斥态度，存在着“月是故乡明”的文化心理。二是文化适应要求，迁移到新疆、山东、江西、福建等地的库区移民对迁入地的文化有的适应较快，有的适应较慢；有的移民在心理上认同，也在行动上接受。因个性差异，有的移民始终处于较低的文化适应水平，主要表现在：不愿改变原有的耕作方式和饮食习惯；拒斥对方的风俗民情、宗教信仰和地方方言；面对迁后的生活环境，总觉不如从前或过分夸大不尽如人意之处。移民的两种文化主体反映，使得部分移民与迁入地文化格格不入，形成文化上的“沙漠”和适应贫困。正是文化上的一无所有(或称文化贫困)，加重了外迁移民恋旧、恋土、恋乡情结，导致移民“身在曹营心在汉”。一方面，不安心从事生产和经营，影响经济状况的改善和提高；另一方面，返迁流动频繁，造成土地荒芜，生产经营中断，费用开支增大。

(5)人口素质因素。许多论著一再声称贫困的主要根源是人口素质差,因为人口素质越低,主体的经济活动能力越低。人口的健康素质虽然是经济活动主体必备的自然物质基础,但人口的文化精神素质却是脱贫致富的关键性变量。三峡库区移民存在着文化精神上的贫困。绝大多数移民只有小学文化程度,初中生较少,有近20%的移民属于文盲、半文盲。就整体而言,文盲、半文盲移民可供选择的致富门路少,从事的劳动方式较为简单,总是与体力型劳动联在一起,特别是对市场的适应力和竞争力较弱,即使向非农产业转移,也摆脱不了体力劳动的束缚。移民的低文化素质和脆弱的心理素质导致了一种特殊的无形贫困,严重影响了家庭经济的增长。据对434户移民家庭的综合调查显示,有203户对未来的发家致富听天由命;有126户希望终守故土;有50多户人家坚持多子才能致富;也有20多户认为体力劳动太苦,祈求意外发财;真正对再度创业充满信心的不到30户。这说明库区移民受传统心理和僵化思维的约束,缺乏创业意愿和风险承受能力。然而,现代经济增长表明,低素质的人力资源难以实现财富的持续稳定,文化科技的贡献份额已由最初的5%增至目前的80%。库区移民平均5年的受教育年限,16.3%的文盲、半文盲比例,必然导致移民经济发展滞后,移民生活水平的贫困低下。

5.3 残疾人贫困的调查分析

5.3.1 库区残疾人贫困状况

《中华人民共和国残疾人保障法》对残疾人作了明确界定,残疾人是指在心理、生理、人体结构上,某种组织、功能丧失或者不正常,全部或者部分丧失以正常方式从事某种活动能力的人。残疾人包括视力残疾、听力残疾、言语残疾、肢体残疾、智力残疾、精神残疾、多重残疾和其他残疾的人。

据重庆市残疾人联合会、重庆市扶贫办等部门相关资料显示,到2012年末,重庆市有各类残疾人169.4万,占全市总人口的5.1%。其中库区残疾人88.08万,占重庆市残疾人总数的52%,超过一半,见图5.1。其中库区各区县残疾人数分布,见图5.2。

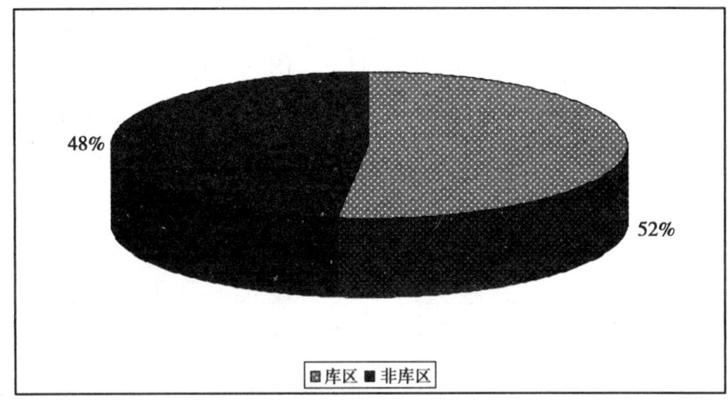

图 5.1　库区残疾人比例图

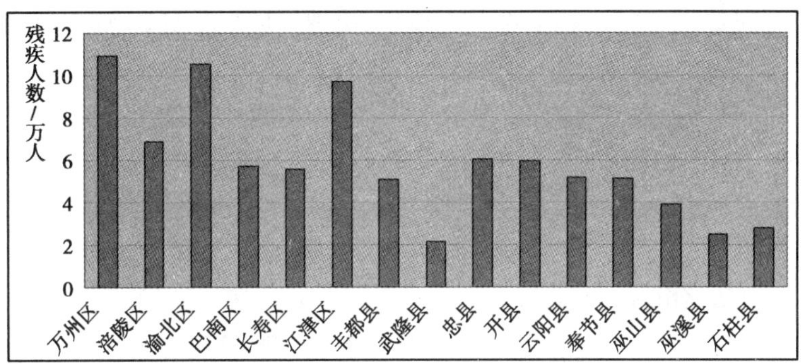

图 5.2　库区各区县残疾人数分布

由图 5.2 可以看出，库区 15 区县残疾人人数众多，其中万州区、渝北区、江津区残疾人数排在前三位，其次是涪陵区、巴南区、长寿区、丰都县、忠县、开县、云阳县、奉节县，都在 4 万人以上。

在贫困残疾人数方面，从重庆市残疾人联合会、重庆市扶贫办等部门的访谈中获知，因相关技术还未成熟以及残疾人申报认定困难的，故而无法全面统计库区贫困残疾人数。但在重庆市残疾人联合会、重庆市扶贫办的支持下，加上多方统计数据，对目前库区 14 区县（石柱县没有相关统计）持证残疾人中的贫困人数具有一个较为详细的掌握。

1. 持证贫困残疾人

从资料中可知，在 2012 年末重庆市持证贫困残疾人数 60.35 万，库区持证贫困残疾人数 22.11 万，占重庆市持证贫困残疾人数 36.65%，仅占 1/3。具体来说，万州区持证贫困残疾人数 1.35 万，占万州区残疾人数的 12.34%，占库区持证贫困残疾人数的 6.10%；涪陵区持证贫困残疾人数 0.83 万，占涪陵区残疾人数的 12.06%，占库区持证贫困残疾人数的 3.75%；渝北区持证贫困残疾人数 0.80 万，占渝北区残疾人数的

7.58%，占库区持证贫困残疾人数的 3.62%；巴南区持证贫困残疾人数 2.14 万，占巴南区残疾人数的 37.41%，占库区持证贫困残疾人数的 9.67%；长寿区持证贫困残疾人数 1.85 万，占长寿区残疾人数的33.39%，占库区持证贫困残疾人数的 8.36%；江津区持证贫困残疾人数 2.01 万，占江津区残疾人数的 20.68%，占库区持证贫困残疾人数的9.08%；丰都县持证贫困残疾人数 1.88 万，占丰都县残疾人数的37.01%，占库区持证贫困残疾人数的 8.50%；武隆县持证贫困残疾人数 1.85 万，占武隆县残疾人数的 86.25%，占库区持证贫困残疾人数的8.36%；忠县持证贫困残疾人数 1.72 万，占开县残疾人数的 28.43%，占库区持证贫困残疾人数的 7.77%；开县持证贫困残疾人数 4.19 万，占开县残疾人数的 70.30%，占库区持证贫困残疾人数的 18.93%；云阳县持证贫困残疾人数 0.88 万，占云阳县残疾人数的 16.99%，占库区持证贫困残疾人数的 3.98%；奉节县持证贫困残疾人数 0.84 万，占奉节县残疾人数的 16.34%，占库区持证贫困残疾人数的 3.80%；巫山县持证贫困残疾人数 0.36 万，占巫山县残疾人数的 9.21%，占库区持证贫困残疾人数的 1.63%；巫溪县持证贫困残疾人数 1.43 万，占巫溪县残疾人数的57.66%，占库区持证贫困残疾人数的 6.46%。（图 5.3）

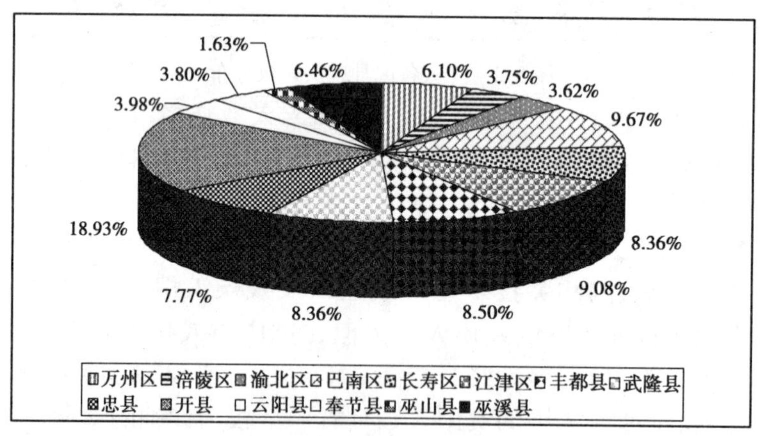

图 5.3　库区持证贫困残疾人比例图

2. 农村持证贫困残疾人

从资料中可知，到 2012 年末，库区 14 区县农村残疾人中，持证贫困残疾人 9.85 万。其中万州区持证贫困农村残疾人 0.49 万，占万州区农村残疾人的 5.26%，占库区持证贫困农村残疾人的 4.97%；涪陵区持证贫困农村残疾人 0.37 万，占涪陵区农村残疾人的 7.60%；占库区持证贫困农村残疾人的 3.71%；渝北区持证贫困农村残疾人 0.40 万，占渝北区农村残疾人的4.52%，占库区持证贫困农村残疾人的4.04%；巴南区持证贫困农村残疾人0.96万，占巴南区农村残疾人的20.73%，占库区持证贫困农村残疾人的9.75%；长寿区持证贫困农村残疾人0.78万，占长寿区农村残疾人的17.41%，占库区持证贫困农村残疾人的7.89%；江津区持证贫困农村残疾人0.81万，占江津区农村残疾人的9.71%，占库区持证贫困农村残疾人的8.27%；丰都县持证贫困农村残疾人0.86万，占丰都县农村残疾人的20.92%，占库区持证贫困农村残疾人的8.72%；武隆县持证贫困农村残疾人0.90万，占武隆县农村残疾人的45.23%，占库区持证贫困农村残疾人的9.12%；忠县持证贫困农村残疾人0.78万，占忠县农村残疾人的15.95%，占库区持证贫困农村残疾人的7.90%；开县持证贫困农村残疾人1.96万，占开县农村残疾人的33.50%，占库区持证贫困农村残疾人的19.93%；云阳县持证贫困农村残疾人0.35万，占云阳县农村残疾人的8.27%，占库区持证贫困农村残疾人的3.58%；奉节县持证贫困农村残疾人0.40万，占奉节县农村残疾人的8.13%，占库区持证贫困农村残疾人的4.07%；巫山县持证贫困农村残疾人0.11万，占巫山县农村残疾人的2.86%，占库区持证贫困农村残疾人的1.09%；巫溪县持证贫困农村残疾人0.69万，占巫溪县农村残疾人的34.33%，占库区持证贫困农村残疾人的6.96%。（图5.4）

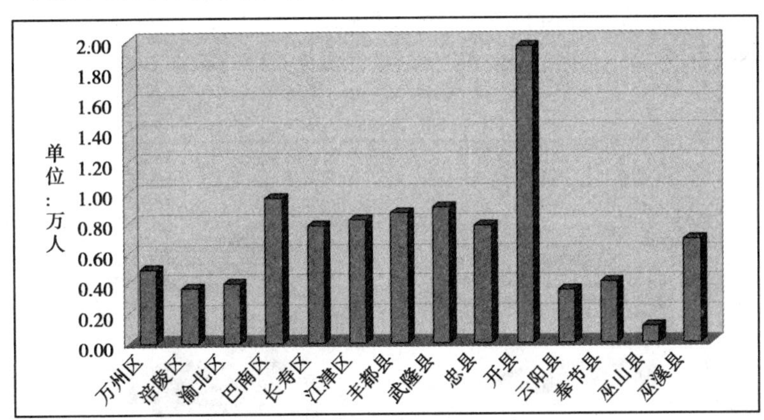

图5.4　库区持证贫困农业残疾人图

3. 城镇持证贫困残疾人

从资料中可知，到2012年末，库区14区县残疾人城镇人口中，持证贫困残疾人12.25万。其中万州区持证贫困城镇残疾人0.86万，占万州区残疾人城镇人口的53.09%；占库区持证贫困城镇残疾人的10.35%；涪陵区持证贫困城镇残疾人0.46万，占涪陵区残疾人城镇人口的

22.89%，占库区持证贫困城镇残疾人的5.55%；渝北区持证贫困城镇残疾人0.40万，占渝北区残疾人城镇人口的23.95%，占库区持证贫困城镇残疾人的4.79%；巴南区持证贫困城镇残疾人1.05万，占巴南区残疾人城镇人口的97.22%，占库区持证贫困城镇残疾人的12.66%；长寿区持证贫困城镇残疾人1.03万，占长寿区残疾人城镇人口的98.10%；占库区持证贫困城镇残疾人的12.41%；江津区持证贫困城镇残疾人1.19万，占江津区残疾人城镇人口的86.23%，占库区持证贫困城镇残疾人的14.38%；丰都县持证贫困城镇残疾人0.94万，占丰都县残疾人城镇人口的97.92%；占库区持证贫困城镇残疾人的11.33%；武隆县持证贫困城镇残疾人0.13万，占武隆县残疾人城镇人口的81.25%，占库区持证贫困城镇残疾人的1.57%；忠县持证贫困城镇残疾人0.94万，占忠县残疾人城镇人口的82.46%，占库区持证贫困城镇残疾人的11.29%；开县持证贫困城镇残疾人0.09万，占开县残疾人城镇人口的81.82%，占库区持证贫困城镇残疾人的1.08%；云阳县持证贫困城镇残疾人0.53万，占云阳县残疾人城镇人口的55.79%，占库区持证贫困城镇残疾人的6.39%；奉节县持证贫困城镇残疾人0.20万，占奉节县残疾人城镇人口的90.91%，占库区持证贫困城镇残疾人的2.41%；巫山县持证贫困城镇残疾人0.06万，占巫山县残疾人城镇人口的85.71%，占库区持证贫困城镇残疾人的0.72%；巫溪县持证贫困城镇残疾人0.42万，占巫溪县残疾人城镇人口的89.36%，占库区持证贫困城镇残疾人的5.06%。（图5.5）

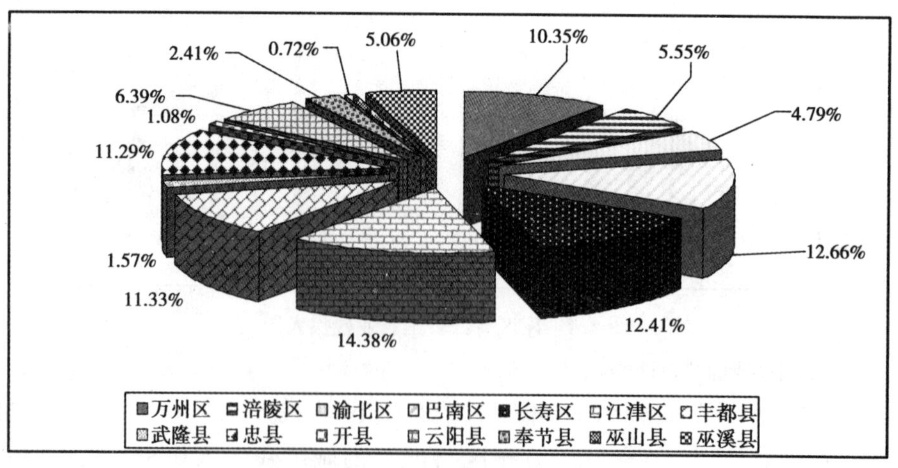

图5.5　库区持证贫困城镇残疾人图

4. 持证残疾人状况对比

为了更直观地反映农村、城镇残疾人以及贫困残疾人的状况，依据搜集的数据，形成图 5.6。

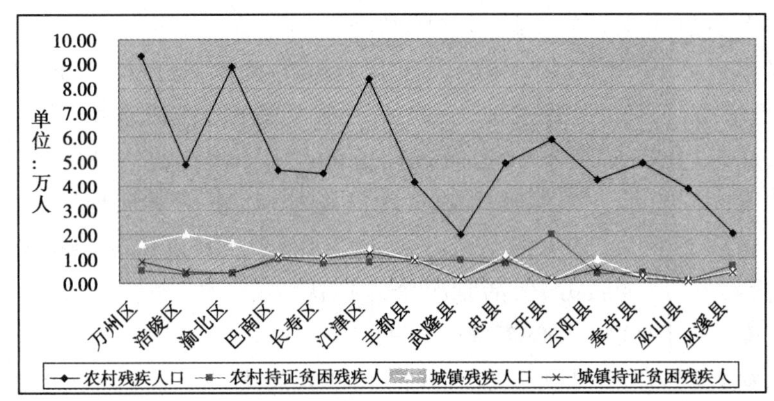

图 5.6　库区残疾人状况对比图

由图 5.6 可以看出，库区农村持证贫困残疾人与城镇持证贫困残疾人没有较大差距。但是我们知道残疾人因各种缺陷，收入较低，基本靠相关补贴和低保维持，因此，贫困人数所占甚多，加之农村残疾人口众多，经济收入来源单一，贫困数量更大。由图 5.6 可以看出，库区农村残疾人口明显多于城镇残疾人口，而农村持证贫困残疾人远远低于农村残疾人口数量，说明农村中还存在众多的没有持证的残疾人。而图 5.6 城镇持证贫困残疾人中与城镇残疾人口线基本吻合，差距较少，说明城镇残疾人持证比例较高，较多的城镇贫困残疾人享有基本保障。

5.3.2　库区贫困残疾人特征

1. 农村残疾人总量大，城镇残疾人数量小

库区农村经济发展水平低，农村人口大量外出务工，其从事工作多为建筑、采矿等高危行业，由于自身安全意识差，缺乏劳动保护技能，因工致残的残疾人比例高。此外，重庆市农村贫困地区地形复杂，交通条件落后，当地居民的交通安全意识淡薄，违规使用农用车辆、摩托车等，车祸频发也使得残疾人的比例呈上升趋势。据所得数据可知，库区农村残疾人 74.79 万，库区农村残疾人数量较大。库区城镇残疾人数量较之于农村要少得多，约 13.19 万，不到农村残疾人的 1/5。

2. 贫困残疾人居住地分布分散

调研发现，由于特殊的地理特征，库区多以山地、丘陵为主，地形条件复杂，交通状况恶劣。农村残疾人居民择平坦地面建房居住，居住地受地

形影响明显而分布分散,贫困残疾人更加分散。这样就增加了对贫困残疾人扶持的难度,不利于残疾人实现脱贫致富。城镇贫困残疾人虽然较为集中,但由于库区山多、城镇开发较为缓慢,残疾人居住依然较为分散。

3. 大多数残疾人处于绝对贫困状态

在库区残疾人中,因工致残、车祸致残的残疾人绝大部分是青壮年男性,是家庭经济的主要支柱,一旦丧失劳动能力,连最基本的农业活动都无法从事,在农村更不可能找到其他的工作机会,这样使家庭经济的困难状况无以复加。以课题组的实地调查为例,重庆贫困地区农村残疾人收入十分低下,恩格尔指数几乎高达 100%,且多以玉米、薯类作物等为食,营养差,量少质劣,生活状况令人担忧。

4. 库区贫困残疾人心态普遍较差

主要表现为“相对剥夺感”[①]较高和社会焦虑严重。由于社会生活世俗化,人们的价值取向趋于务实,当地居民对贫困极为敏感,经常歧视处于贫困状态的残疾人。一方面导致受到歧视的残疾人自暴自弃、行为偏激或封闭。另一方面,使得残疾人对于未来处境难以把握与预测并充满恐惧,个别残疾人心态扭曲,有及时行乐的思想,甚至把获得的救济物立即变现用于赌博、酗酒等。此外,一部分残疾人存在对政府依赖过度的问题,贫困地区农村残疾人的竞争意识和自强、自立意识非常淡薄。

5.3.3 库区残疾人贫困成因

1. 经济发展水平低

库区存在着历史性的贫困。三峡库区自然环境恶劣,自然灾害频发。库区大多受传统自然经济影响较重,生产经营方式粗放,商品效率不高,缺乏市场竞争力,没有较强的经济支柱产业,经济发展上的不足,无法提供更多的工作岗位,再加上残疾人自身工作的不方便性,更是缺少适合残疾人的工作。历史性的贫困成为造成库区贫困的一个重要因素。

2. 残疾人身体状况的制约

这种制约首先是来自生理上的能力受限,从事生产劳动有诸多不方便,如重度近视残疾人和肢体残疾人根本无法从事以种养为主的山区农业生产。其次是来自心理上的障碍。残疾人自身的缺陷或障碍,使得他们不能正常参与家庭生活及社会生活,个人生活需要家庭其他成员照顾而形成对家庭的依

---

① 社会剥夺是指“社会上大多数人认为或风俗习惯认为应该享有的食物、基本设施、服务与活动的缺乏与不足”。“人们常常因社会剥夺,而不能享有作为一个社会成员应该享有的生活条件。”(Townsen,1979)

赖,这决定了残疾人无权商讨家庭重大事项以及残疾人的附属地位,与此相应的是较低的社会地位。这些都使得残疾人普遍地存在强烈的自卑感、孤独感、焦虑和抑郁感。所处的家庭环境较好如家庭成员比较多,经济上比较宽裕,家庭成员对残疾人多以"同情""可怜"的态度和方式来"照顾""扶持"的部分残疾人往往产生严重的依赖心理。还有一种比较典型的情况是部分残疾人因家庭照顾能力太差而得到的社会帮助又极其有限,容易产生不甘示弱又无能为力以致绝望仇恨的心理,形成一种扭曲的心态,这些都成为残疾人持续贫困和脱贫难度大的重要原因。

3. 残疾人脱贫政策保障不到位

库区大多数贫困地区的残疾人能参加一定的生产劳动,而且这些人勤劳且有参与生产劳动的意愿,完全可以通过多种扶贫方式来解决温饱问题。针对残疾人发展重庆市残疾人保障条例以及涉及残疾人生活保障、就业、教育、医疗、养老、文化生活等各个方面的 8 项特殊保障政策。虽然这些政策的出台补充完善了残疾人发展的政策,但在具体的扶贫工作中,不少政策没有落到实处,相当数量的残疾人未被列入生产扶持对象。调查发现,许多乡村干部表现出对残疾人扶贫的畏难情绪,不愿意把精力投放在残疾人的扶贫工作上。与此同时,国家专门用于残疾人康复扶贫的专项贷款规模小,重庆市的贫困地区财力有限,根本没有能力来落实配套资金,受惠的残疾人极其有限。

4. 社会保障发展滞后

这些年来,残疾人的社会保障事业发展很快,但是严重滞后于库区整个社会经济发展。而且由于受贫困地区财力和观念的限制,各种针对残疾人的社会保障的标准很低。2012 年,市政府对享受城市和农村低保的重度(一、二级)残疾人重点救助金分别提高到每人每月 75 元和 60 元;对其他享受城乡低保的残疾人重点救助金提高到每人每月 30 元。[①]按当时物价只能买一斤多猪肉,一斤食用油和几斤大米,这样根本不能保障残疾人的基本生活需要。《残疾人保障法》颁布后,重庆各地包括贫困地区都针对残疾人相继出台了一些优惠政策和扶助规定,但库区贫困地区由于经济实力等原因,政策和规定并未真正落实,残疾人没有得到应有的扶持和救助,制定的政策成为了一种形式。

5. 缺乏良好的外界环境

从物质环境来看,目前库区尤其农村残疾人所在乡镇基本上没有什

① 重庆今年拟提高残疾人低保救助标准. http://house.xinmin.cn/fczx/2013/03/27/19434046.html

么康复训练条件，残疾人的康复处于一种自然原始的状态，一些残疾人即使有康复的愿望和康复的可能，也常常因所在家庭无力负担康复费用而不得不放弃；个别残疾人外出接受康复治疗又会造成其本来就不富裕的家庭雪上加霜；再就是库区贫困地区农村残疾人普遍缺少接受教育和培训的机会，文化程度极低，很多先天性残疾人根本没有正规上过学，或接受正规教育的时间很短①，成年后又没有接受过什么培训，根本没有一技之长，即使有一定劳动能力者也只能按最原始的方式从事农业生产，经济状况不容乐观。从人文环境看，社会偏见严重，残疾人在就业或从事生产劳动时，常因残疾而受到歧视、排斥。在调查中发现，某个属垄断行业性质的、几乎在每个乡镇都有工作点的涉农企业，在农村就地聘用的零工中竟然连一个轻度的残疾人都没有。由此，重庆市贫困地区农村残疾人生活的外界环境略见一斑。从所处自然环境看，重庆市贫困地区山高坡陡、土地贫瘠，恶劣的地理条件导致当地交通不便、通信不畅、农业基础设施极差。这种自然环境对正常人而言，发展生产尚有难度，对残疾人而言，难度更是可想而知。

6. 城乡二元政策惯性制约

我国长期采取用国家政权的强制手段来实行农产品统购统销，依靠牺牲农业和农民利益来进行工业化的城乡二元政策。为了国家的粮食安全，政府总是引导农民种粮食而不是经济作物，长此以往，广大农民思想受到束缚，难以更新观念种植效益高的经济作物。城乡二元政策虽然现在得到很大的改善，但其惯性影响仍然是造成农村贫困和农民贫困的重要原因，同时也是库区残疾人生活贫困的原因之一。

7. 库区残疾人脱贫工作缺乏社会支持

目前，库区残疾人参与社会生活还存在有形和无形的障碍。针对残疾人的有法不依、违法难究现象还不同程度地存在。同时，非政府的民间组织没有很好地组织起来为残疾人服务，民间专门为残疾人服务的组织也没有广泛地建立起来。残疾人事业作为扶助一个社会弱势群体的大事业，责任大，任务重，涉及众多的社会领域和专业，在充分发挥政府部门和残联的主导作用的同时，要充分发挥民间组织在残疾人扶贫、教育、康复医疗和社区服务等方面的作用，要充分整合和利用社会资源，支持社会公益性民间组织发挥扶助残疾人的作用，鼓励民间力量兴办残疾人福利设施，招募青年志愿者开展定期上门的助残服务等，才能实现库

---

① 特别要说明的是，实际情况往往要比统计数据低得多。

区残疾人的脱贫工作。

5.4 老年人贫困的调查分析

5.4.1 三峡库区老年人贫困现状

目前,在重庆三峡库区的15个区县中,有扶贫开发任务的区县达到10个,即国家级贫困区县9个、市级贫困区县1个,库区贫困区县数量占重庆市区县总数的26.32%。另外,三峡库区有贫困村的乡镇达550个,占重庆市乡镇总数的52.68%。虽然,三峡库区15个区县的人口和土地面积都占了重庆市的50%左右,但是库区经济指标在重庆市只占很少份额,库区国内生产总值仅占重庆市总量的39.91%。从人均指标来看,三峡库区贫困老年人与重庆市总体水平相比,存在明显的差距,库区人均GDP仅占重庆市平均水平的80%左右。在2012年,三峡库区15个区县的人均生产总值的平均值为27 306.26元,仅为重庆市人均生产总值34 500元的79.15%[①]。

重庆三峡库区经济基础差、底子薄,贫困老年人规模较为庞大,性别差异比较明显,城乡区域分布较广。通过对重庆统计年鉴(2012)等相关资料整理分析,重庆三峡库区15个区县60岁及以上的老年人数为246.35万,占重庆市60岁及以上的老年人总数583.6万的42.21%。(图5.7)

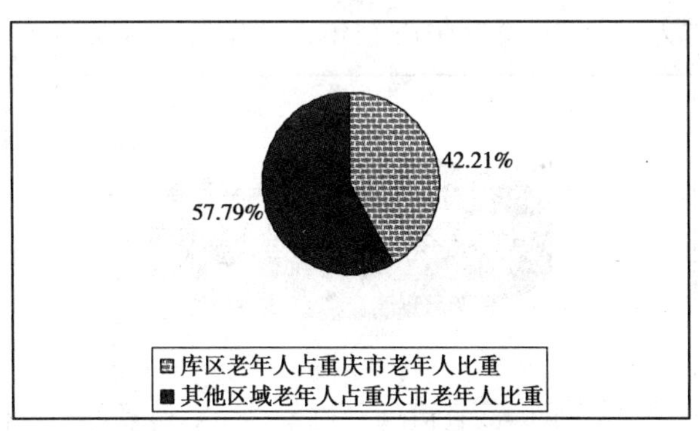

图5.7 三峡库区老年人占重庆市老年人比重图

根据重庆统计年鉴(2012)资料显示,三峡库区户籍总人口为1 532.26

① 资料来源:重庆市统计年鉴(2012)。

万,60 岁及以上老年人为 246.35 万,60 岁及以上贫困老年人数为 31.91 万。(表 5.5)其中非农的贫困老年人比重为 33.39%,大大低于重庆市非农贫困老年人平均值 38.37%。另外,三峡库区男性贫困老年人为 14.85 万,女性贫困老年人为 17.06 万,贫困老年人的性别差异较为显著。

表 5.5 重庆市及三峡库区 2012 年户籍人口统计表

区 域	总人口数/万	老年人数/万	贫困人口数/万	贫困老年人数/万
重庆市	3 329.81	583.6	202	76
三峡库区	1 532.26	246.35	110	31.91

资料来源:依据重庆市统计年鉴(2012)整理而成。

根据重庆市最新调查数据显示,在 2012 年底,重庆市有贫困人口 202 万,其中 60 岁及以上贫困老年人达到 76 万,而三峡库区 60 岁及以上贫困老年人为 31.91 万。从三峡库区的贫困老年人口占比来看,三峡库区贫困老年人占重庆市贫困人口及贫困老年人的比分别为 15.80% 和 41.98%。在三峡库区的常住人口及老年人口中,贫困老年人占比分别为 2.46% 和 12.95%。

另外,截至 2012 年底,重庆三峡库区的贫困人口数大约为 110 万,而库区 60 岁及以上贫困老年人数占库区贫困人口总数的 29%。(图5.8)在三峡库区的 31.91 万贫困老年人口中,绝对贫困老年人为 3.42 万,相对贫困老年人为 28.49 万,库区老年人绝对贫困发生率为 1.39%,相对贫困发生率为 11.56%,远高于重庆市的平均值。三峡库区老年人贫困发生率平均值为 13%①,与重庆市老年人贫困发生率基本保持平衡。

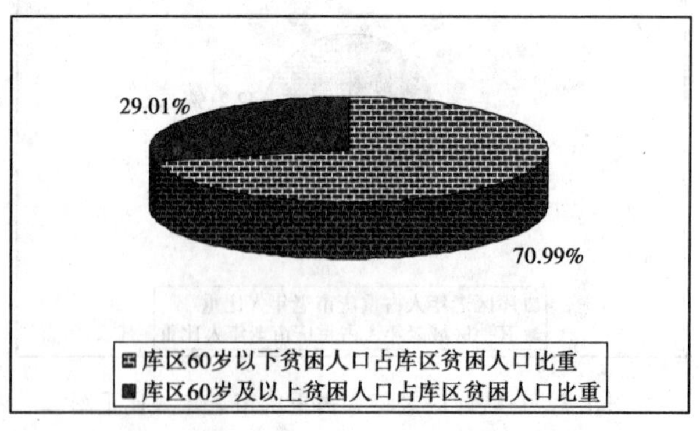

图 5.8 三峡库区贫困老年人占库区贫困人口比重图

① 注释:老年人贫困发生率为贫困老年人数占该区域老年人总数的比重。

从三峡库区贫困老年人的区县及地域分布来看，农村及边远高寒山区的贫困老年人数远远多于城镇的贫困老年人数量，经济欠发达区县的贫困老年人口要多于经济不发达区县的贫困老年人数量。三峡库区中贫困老年人在区县地域分布上呈现较为明显的差异性特征（表5.6），经济不发达地区的贫困老年人比例高于其他地区。三峡库区的巫山县、巫溪县、奉节县、云阳县、开县、万州区、忠县、涪陵区、丰都县、石柱县等经济不发达区县的贫困老年人数达到20.35万，占据库区贫困老年人总数的63.77%，而长寿区、渝北区、武隆县、巴南区、江津区等经济欠发达区县贫困老年人数占总数的36.23%。

表5.6　重庆三峡库区2012年各区县贫困老年人统计表

区　县	老年人数/万	贫困老人数/万	区　县	老年人数/万	贫困老人数/万
万州	32.50	1.80	丰都	14.05	1.35
涪陵	18.70	2.43	石柱	7.14	1.23
武隆	5.95	1.08	长寿	13.43	1.75
江津	30.80	3.90	开县	26.01	2.15
巴南	15.98	2.47	忠县	12.75	1.69
云阳	21.10	3.24	渝北	16.63	2.36
巫溪	6.97	3.02	巫山	10.40	1.47
奉节	13.94	1.97	合计	246.35	31.91

资料来源：依照重庆统计年鉴基本数据整理而成。

根据重庆市有关文献资料显示，从2012年10月1日起，重庆三峡库区的所有区县对城乡居民最低生活保障标准，农村五保对象保障标准及城市“三无”人员的供养标准进行了调整提高。（表5.7）通过调整提高最低生活保障标准，一定程度上缓解了库区贫困人口尤其是贫困老年人的生活困境，但最低生活保障标准数额的有限性以及人口覆盖范围的局限性，难以从根本上彻底解决库区老年人的贫困状态。在三峡库区的贫困老年人中，有相当比例的老年人在经济上是没有保障的。根据重庆市老龄委最新的一项调查显示，三峡库区城市贫困老年人在经济上没有保障的达到45.5%，库区农村贫困老年人在经济上没有保障的达到65.5%。如果将库区的城镇和农村进行比较，可发现城镇老年人的贫困与否，与经济是否得到保障的关系比农村要密切得多。三峡库区贫困老年人除了政府救济、亲人接济、社会捐助之外，再无其他稳定的经济收入来源，经济收入远远低于重庆市平均水平，直接影响贫困老年人的生活消费水平。

表 5.7　三峡库区各类型贫困人口最低生活保障标准/每人每月·元

区　县	城市低保标准	农村低保标准	农村五保对象	城市三无人员标准	区　县	城市低保标准	农村低保标准	农村五保对象	城市三无人员标准
万州	330	185	270	415	丰都	320	180	265	400
涪陵	330	185	270	415	石柱	320	180	265	400
渝北	340	190	275	430	云阳	320	180	265	400
江津	330	185	270	415	开县	320	180	265	400
巴南	340	190	275	430	忠县	320	180	265	400
长寿	330	185	270	415	武隆	320	180	265	400
巫溪	320	180	265	400	巫山	320	180	265	400
奉节	320	180	265	400					

5.4.2　三峡库区贫困老年人特征

从老年人贫困的人口学特征来看，三峡库区贫困老年人规模大，贫困发生率高；贫困老年人的受教育程度低；贫困老年人享受最低生活保障的数量较大；库区贫困老年人区县分布范围广，生活环境较为恶劣；老年人的贫困程度与年龄呈正相关；空巢老年人的贫困化趋势有所加剧；老年人的贫困不仅表现为物质上贫困，还表现为精神上的贫困。

三峡库区老年人的贫困发生率较高。虽然三峡库区的 15 个区县地理位置、人口基数、经济基础及人口结构等因素的不同，但各个区县的贫困老年人数量及贫困发生率都呈现偏高特点。通过对三峡库区各区县老年人贫困发生率进行分析，可以发现处于三峡库区腹地的区县贫困老年人数量及贫困发生率都较高，9 个区县的老年人贫困发生率超过重庆市平均水平，达到了 15% 及以上，其中巫溪县的老年人贫困发生率最高，达到 43.33% 。(图 5.9)

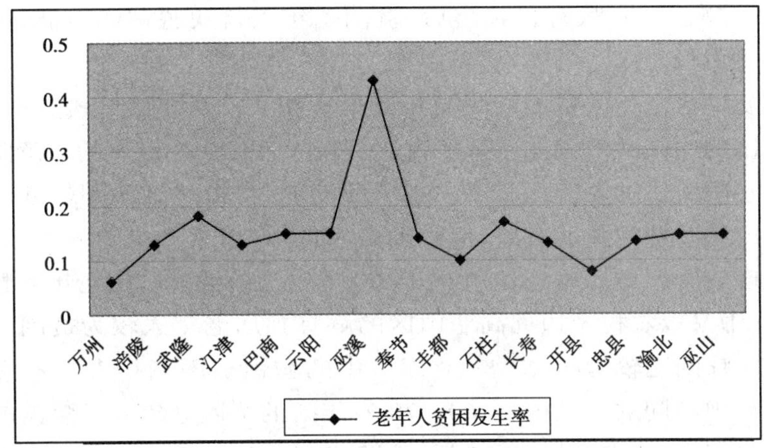

图5.9　三峡库区各区县老年人贫困发生率比较图

三峡库区贫困老年人的受教育程度很低。15 个区县的总贫困老年人占重庆市总老年人比重接近40%，而贫困老年人的学历程度要普遍低于重庆市平均水平。三峡库区贫困老年人的文盲率及半文盲率的比例高达30%，贫困老年人受教育的平均年限不到4.5 年，巫溪、巫山、丰都、开县、忠县及云阳等区县更低。另外，三峡库区老年人因丧失工作能力而导致贫困的也占有一定比重。

三峡库区贫困老年人享受最低生活保障的数量较大。按照国家核定的2011 年贫困人口新标准（城镇居民人均纯收入在2 300 元以下），三峡库区还有3.42 万特困老年人（含农村有劳动能力的贫困残疾人口），有28.49 万老年人初步解决温饱但仍处于不稳定状况（人均纯收入在825 元以下）。在三峡库区15 个区县中，城镇调查失业率仍高达8.1%，有21.9%的城镇老年人享受低保。三峡库区贫困老年人享受最低生活保障数达到16.5 万左右，超过库区贫困老年人口总数的50%，并且这一数字比例还有继续攀升的趋势。

三峡库区贫困老年人城乡分布较为明显。由于区域经济社会发展不充分，三峡库区城乡二元结构明显，库区农村地区与城镇相比存在较大差距。三峡库区的农村老年人的贫困数量、范围及程度都要远远大于城镇贫困老年人。在三峡库区的31.91 万贫困老年人中，超过70%的分布在库区4 900 多个贫困村中，占重庆市行政村总数的60.5%。

三峡库区大部分贫困老年人的生活环境较恶劣。三峡库区贫困老年人主要聚居于自然条件恶劣、经济落后的边远深山区、高寒山林区、沿江沿河区和少数民族地区，并且库区生态环境弱，交通、信息及通信不便，经济基础较差，教育科技落后，贫困老年人自我脱贫能力低，生活自我照料能力低。

三峡库区老年人贫困程度与年龄呈正相关。从年龄结构状况来看，三峡库区的中高龄贫困老年人所占比例较大，以70岁以上的年龄阶段居多。此年龄阶段的老年人基本失去了劳动能力，虽然纳入到最低生活保障对象或民政部门救助对象，但救助费较低，难以获得稳定的生活来源，贫困程度较为严重。另外，三峡库区60岁以上的鳏寡贫困老年人数量比较多，其中又以农村及边远高寒山区的鳏寡独居老年人较为贫困，温饱、住房及医疗问题较为明显。三峡库区中的城镇贫困老年人在不同的年龄阶段呈现不同的生活困境，60—70岁年龄的贫困老年人最急需解决的是精神贫困，其后需要解决的问题是城镇医疗和生活照料，而70岁以上的贫困老年人最需要解决的是生活实际问题。

三峡库区城乡贫困老年人的贫困形式各异。三峡库区城乡老人的贫困表现呈现不同特点形式，库区城镇贫困老年人受社会歧视的现象比较突出，而库区农村贫困老年人不但要受歧视，甚至还可能遭受虐待。三峡库区城镇老年人的贫困表现在经济收入严重匮乏，难以支付昂贵的城镇生活成本，以致生活非常拮据。“精神贫困”“社会漠视”“医疗救助”等是库区城镇贫困老年人面临的首要问题。另外，库区城镇的贫困老年人容易受到政府救助部门和社会的忽视。三峡库区农村老年人的贫困发生率高，覆盖面广，贫困程度更严重。三峡库区老年人贫困发生率远远高于重庆市13%的平均水平，并且贫困老年人主要分布在库区的4 900多个行政村中。此外，三峡库区农村贫困老年人面临着生活温饱压力、居住条件简陋及医疗资源与医疗费用的匮乏等问题。因此，生活保障与医疗救助是库区农村贫困老年人最为关心和最为迫切需要解决的问题。

三峡库区空巢老年人贫困化趋势加剧。目前，重庆市空巢老年人181万，其中农村空巢老人134.29万，有7个区县的空巢率达70%以上。根据重庆市相关文献资料显示，三峡库区空巢老年人超过100万，贫困老年人空巢率超过50%，库区部分农村地区老年人空巢率达到了70%~90%。重庆市老龄委调查报告称，三峡库区空巢的老年人中70.8%患有各种疾病，30%的空巢老年人生活不能自理，50%以上的空巢老年人生活十分孤独、清贫。根据重庆市老龄委的农村空巢老人调查报告显示，三峡库区的长寿区贫困老年人空巢率达到77.84%、忠县为67.95%、渝北为30.09%。三峡库区的空巢老年人日常生活无人照料，精神孤独无人慰藉，紧急求助无人帮扶，生活不但非常清苦而且十分痛苦，空巢老年人的贫困化趋势日渐加剧。

三峡库区老年人的精神贫困较显著。三峡库区的贫困老年人不仅表现在经济收入低、生活消费支出低、住房医疗较差，在精神上也不同程度地处于贫困状态。三峡库区贫困老年人的精神贫困主要体现在如下几个方面：一是情感关怀比较缺失；二是社会文化娱乐活动少；三是缺乏乐观的精神寄托；四是缺乏良好的心理素质和豁达的思想观念。

情感关怀比较缺失。三峡库区的贫困老年人大多分布在边远农村或高寒山区，而库区最主要的养老方式是居家养老，尤其是农村贫困老年人留守现象严重，家庭空巢问题突出。由于库区老年人家庭成员单一，多数老年人独自在家，普遍经受着情感上的孤独、寂寞，缺少邻里的交往，生活苦闷，性格内向，心理消极，老无所乐。另外，特别是孤寡老年人，不仅要忍受着生活物资的匮乏，还要遭受着情感关怀的缺失，精神情感安慰长期得不到满足，平日孤苦伶仃、沉默寡言，抱着过一天算一天的想法，毫无幸福可言。这种精神上的贫困给老年人带来的伤害比物质贫困大得多，贫困老年人内心深处十分渴望改变现有的生活处境，对社会各方面的支持关怀抱有强烈的感恩心情，但现实中常常遭遇儿女及社会的情感冷淡与漠视。

社会文化娱乐活动少。为了丰富老年人的生活内容，提高老年人的生活质量，三峡库区各区县政府按照国家规定的"老有所教、老有所为、老有所学、老有所乐"的老龄人口工作方针，积极引导老年人参与社会活动，继续扮演好社会角色，但实际上老年人的社会活动参与度并不乐观，尤其是贫困老年人。这种特征主要表现在两个方面：一方面是三峡库区老年人数量多，分布广，库区各区县政府受人、财、物等因素的限制，难以统一组织安排老年人尤其是贫困老年人的社会活动，也无法全面提供、更新相应的体育文化娱乐设施，使得部分贫困老年人缺乏参与各类社会文体活动和享受养老服务的机会与环境。另一方面是库区的大部分贫困老年人经济收入低，还要为生计奔波劳累，没有时间和精力参与社会文娱活动，还有部分贫困老年人由于文化知识低，经济收入有限，又加上生活环境和人生阅历的制约，在文化娱乐方面的时间和经费支出几乎为零。另外，三峡库区的部分贫困老年人在退出工作领域之后，在生活上处于"自养"状态，一般不与外界接触，尤其是丧偶的独居老年人，由此导致因社会交往需求不足而产生精神贫困。

缺乏乐观的精神寄托。重庆市老龄委在调查中发现，三峡库区的贫困老年人由于缺乏乐观的精神寄托及积极的生活态度和行为模式，他们每天重复着单调枯燥的生活节奏，似乎这些贫困老年人已经失去了生活的激情和希望。此种生活对于库区的贫困老年人来说，无疑是慢性精神自杀。

缺乏良好的心理素质和豁达的思想观念。三峡库区老年人的精神贫困还表现在缺乏自主意识和开明的思想理念。一方面是库区的部分贫困老年人在遭遇疾病时，不是前往医院科学就诊，而是盲目相信部分商家的虚假宣传，盲目购买高价无效的药物，以至于最终人财两空。这种不能独立进行价值判断，缺乏自主意识也是老年人精神贫困的一种表现。另一方面是贫困老年人的思想保守，心理适应能力弱。重庆市老龄委的一项调查显示，三峡库区的农村贫困老年人无法适应现代社会生活环境和条件，对改革开放、思想解放和市场经济存有较大困惑与疑虑，对一些不公正的社会事件和现象担心顾虑过多，长时间保持紧张的心理状态并面临着较大的精神压力。

重庆市开县老年学研究学者杨德均以开县温泉镇坪梁村为例，对贫困老年人精神文化生活的现状作了深入全面的分析。文中说到开县作为三峡库区的重要腹地，同时也是国家级的贫困县，其地形复杂，贫困老年人量多面广，扶贫难度大。学者杨德均对开县温泉镇坪梁村的老年人的精神贫困作了较为全面的分析，对三峡库区而言具有一定代表性，对了解库区贫困老年人的精神状况能够起到一定帮助作用。现摘录其部分内容如下：

开县温泉镇坪梁村地处海拔800米以上的高山，属重庆市市级扶贫村，远离乡镇10多千米、县城50多千米，纵横跨度20多千米。总人口5 066人，其中60岁以上贫困老年人734人，约占总人口的14.5%；空巢贫困老年人433人，约占老年人的60%。改革开放以来，开县农村经济有了很大发展，加上基本养老、基本医疗和最低保障制度的建立，老年人在物质生活上已解决了温饱问题，但精神文化生活仍然十分贫乏。

首先，坪梁村的贫困老年人缺少文化体育活动，这是贫困老年人精神文化生活的基础，广大贫困老年人在参与文化体育活动和共享创造成果中，享受着人生的快乐和幸福，但坪梁村的贫困老年人却望而远之。一是坪梁村贫困老年人的文体活动存在着六无现象：无人抓无人管、无老年组织、无活动费用、无活动场所、无活动项目、无学习资料。贫困老年人从没有过文体活动和文化学习，村里的报纸大多存放在村干部家里，一般人看不到。少数有关政策、法律及科技等资料虽发到村民组长手中,却很少组织群众学习,更不用说贫困老年人了;二是文化下乡成为空话,不但贫困老年人看电影很不容易,连普通村民都很难看到电影;三是贫困老年人文化生活主要靠看小锅盖电视,但收视质量不高,又看不到本县、乡镇新闻。另外,坪梁村的贫困老年人为了生计奔波,整天忙碌着种养、家务和带小孩等,很少有时间看电视。

其次,坪梁村的贫困老年人缺少精神关爱和精神慰藉,这是贫困老年人精神文化生活的核心。一方面是缺乏敬老爱老的良好社会风尚,每年春节、老年节等,对老年人尤其是贫困老年人从未组织过庆祝和慰问活动。另一方面是坪梁村的子女辈对贫困老年人缺少关心、体贴和安慰。把老年人当仆人,当包袱,不尊重,语言、态度不好;在外很少打电话问候,回家也很少陪伴贫困老年人谈心,沟通感情;对贫困老年人生病漠不关心,缺少精神安慰;几个子女对贫困老年人分开供养,让老夫妻分开独居,承受相思之苦;对丧偶贫困老年人再婚百般阻挠,使贫困老年人缺乏夫妻恩爱;处理家庭大事不征求贫困老年人意见,侵犯贫困老年人权利;少数子女不务正业,违法乱纪,被判刑劳改,给家人带来灾难,给贫困老年人带来残酷打击和心灵创伤。

最后,老年人缺乏良好的心理素质和思想观念。一方面是心理素质低,适应能力差。坪梁村的不少老年人对现代社会生活不适应,对改革开放、市场经济存在某些疑虑,对当今社会出现的贪污贿赂、腐化惰落等不正之风忧心忡忡。尤其是生活中遇到挫折和打击,往往产生精神不振、悲观失望等不良心理情绪,进而出现严重精神障碍。另一方面是思想政治素质低,分辨与防范能力差。坪梁村的部分老年人缺少科学知识,愚昧落后,缺乏正确的人生观、价值观和世界观,加上参加文化活动少,精神空虚,对封建迷信等违法活动容易上当受骗,受封建礼教和传统习俗的影响较深。

另外,三峡库区的贫困老年人还呈现出如下特征:在三峡库区的老年人中,农村老年人的贫困比例和程度要高于城镇老年人,高寒边远山区的老年人遭受贫困的比例要高于平原丘陵区域的老年人;体弱多病的老年人遭受贫困的比例要大大高于身体健康的老年人;女性贫困老年人的数量要远远多于男性贫困老年人;没有退休工资的老年人要比有退休工资的老年人更容易遭受生活的贫困,子女无工作的老年人发生贫困的比例大于子女有工作的老年人;知识文化程度低的老年人遭受贫困的系数和程度要高于受教育程度高的老年人;家庭结构复杂且不和睦的老年人发生贫困的比例要大大高于家庭结构简单及和睦的老年人。

5.4.3 三峡库区老年人贫困的成因

由于人口自身因素、城乡差异、教育文化、社会经济发展水平及库区自然环境等诸多因素的影响，三峡库区的老年人在城乡之间、子女有无工作之间、身体有无丧失劳动能力之间、有无社会保障之间，经济收入水平存在很大差异，老年人群体内部贫富悬殊，贫困老年人群体逐步产生形成。

1. 自身原因

三峡库区人口增长速度过快，贫困人口基数庞大，科技文化教育落后，劳动力素质偏低，是造成库区人口贫困的重要内在原因。由于地理区位、财政收入等因素的影响，三峡库区早期的科技、文化、教育等社会事业投入不足，劳动力素质不高，经济增收能力不强。三峡库区贫困老年人的文盲率及半文盲率的比例高达30%，贫困老年人受教育的平均年限不到4.5 年，巫溪、巫山、丰都、开县、忠县及云阳等区县甚至更低。三峡库区60 岁以上老年人约有10%接受了老年教育，对贫困老年人来讲，这个数字更低。随着三峡库区人口老龄化的到来，直接导致的后果是现在贫困老年人的大规模产生。根据重庆市统计年鉴资料显示，三峡库区老年贫困人口中，除了上述原因外，还有一些其他原因导致的贫困。

一是身体病残致贫的老年人。病残容易使人丧失工作能力，是导致老年人贫困的一个重要原因。三峡库区的31.91 万贫困老年人中，大约有12.28%的老年人丧失劳动能力或者劳动能力低下而长期失业，家中没有固定的收入，退休金、低保金不够正常的生活消费开支，致使个人或全家人难以维持基本的生活。在消费水平低于最低生活保障线的贫困老年人中，三峡库区体弱多病的老年人较多，在城市为30.2%，在农村为34.7%。身体健康状况与经济状况的关系从一个角度反映了疾病对贫困的影响，健康状况差的老年人反映经济困难的人较多。另外，残疾也是老年人致贫的一个重要因素。三峡库区共有残疾人口88.08 万，其中农业残疾人口为74.79 万，非农残疾人口为13.29 万。另外，三峡库区还有31.91 万的贫困老年人。因为残疾，70%以上的残疾人家庭都是贫困户，按三峡库区老龄人口比重计算，因残致贫的老年人约有3.9 万。这种类型的贫困老年人在三峡库区属于较大规模的群体，他们缺乏稳定经济保障，生活非常窘迫。

二是老无所依，无法定赡养人且本人或配偶无固定收入。三峡库区虽依山傍水，但地理环境较为恶劣，再加上由于经济社会发展相对滞后等历史原因，无子女的孤寡老年人较多，老无所依。另外，三峡库区有些贫困老年人及其配偶无退休金，虽有最低生活保障金，但一个月也只不过四五百元而已，再无其他稳定的经济收入来源，基本的衣食住行和医药治疗都难以维持，生活非常困难。

三是有所依靠，但法定赡养扶养人无力养老人且本人或配偶收入低。三峡库区的有些老年人含辛茹苦把儿女养大成人后，虽然对子女会有所依靠，但其子女由于下岗或其他原因而无稳定的职业和收入，自身经济能力有限，无力尽义务赡养扶养老人。三峡库区的老年人非但没有得到应有的经济赡养和儿女的孝顺，反而还要以微薄的经济收入接济儿女，甚至帮忙抚养孙辈，生活过得捉襟见肘，越过越贫困。另外，三峡库区的有些贫困老年人没有儿女赡养扶养而由亲属供养，而亲属收入的不稳定性和供养的主观性，极大地影响了贫困老年人的生活水平，并且亲属难以长久地解决贫困老年人的生活困难，导致亲属供养贫困老年人处在时好时坏、时有时无的境况。对三峡库区那些确实无依无靠、无经济来源的贫困老年人，虽然库区的各区县采取实施了相应的救助帮扶措施，以此解决贫困老年人的实际生活困难。但是三峡库区的贫困老年人量多面广、分布散，政府救助帮扶的力量又有限，并不能完全有效地解决贫困老年人面临的一系列问题。

四是本人丧失劳动能力，无法维持基本生活。三峡库区的部分贫困老年人由于身体残疾或体弱多病而丧失劳动能力，或者劳动能力低下而长期失业，家中没有固定的收入，退休金、低保金不够正常的生活消费开支，致使个人或全家人难以维持基本的生活。这种类型的贫困老年人在三峡库区属于较大规模的群体，他们缺乏稳定经济保障，生活非常窘迫。重庆市老龄委的一项调查显示，三峡库区的贫困老年人生活费每人每月大都低于相应的城乡居民月最低生活保障标准。这些贫困老年人过去大都从事体力劳动，或者操持家务，个人没有充足的养老积蓄，如今年事已高，体弱多病而无法劳动。而有些老年人失去配偶，心理创伤严重，再加上经济来源贫乏，只能享受一些临时性的政府救济、亲朋接济。库区贫困老年人的生活经常处于无保障状态，一切开支仅能维持自己的生存而已，不少人衣服破烂，住所破旧，疾病缠身。

五是个人或家庭遭受自然或重大疾病等意外灾害，导致生活支出型贫困。支出型贫困是指由于家庭成员出现重大疾病、子女就学、意外突发事件等原因，导致家庭财力支出远远超出承受能力而造成的绝对生活贫困，支出型贫困在三峡库区的老年人中也较为常见。三峡库区的一些老年人原本有着一定的生活积蓄和相对稳定的经济收入,一旦遭遇到重大疾病或意外事件,导致生活贫困,又加上由于个人或家庭收入略高于最低生活保障线,无法享受低保,处于社会救助的"夹心层",往往比低保户更困难。

六是退休状况和工作性质与贫困。养老金制度是保障老年人未来生活的必要保障,是否有养老金与其原先的工作情况密切相关,老年人退休前的工作性质可能决定了他退休后的生活待遇。从三峡库区的贫困老年人口的工作状况来看,离退休老年人的贫困比例较低。在三峡库区的大多数贫困老年人是那些从未工作过的,尤其以农村老年人居多。重庆市老龄委的一项调查显示,贫困老年人比例最低的是原先在党政机关、事业单位、国有企业的老年人,而从集体企业退休的老年人中处于贫困状态的比例为6%左右;从股份制企业退休的人中,有10%左右的老年人处于贫困状态。在农村,老年人劳动与不劳动在经济收入上存在一定差异,不能参加劳动的老年人的贫困程度较重。

七是家庭结构与老年人贫困关系。从家庭结构的类型上看,三峡库区城镇的贫困老年人主要是独立生活或小家庭生活,农村的贫困老年人主要是生活在大家庭和三代家庭,也有少部分是独立生活。从生活家庭结构的简单与否来看,生活在复杂家庭的老年人遭受生活物质贫困的比例较高,但精神贫困的比例较低;生活在简单家庭的老年人容易面临精神贫困,生活物资较富足。拮据的物质生活和单调乏味的精神生活,对贫困老年人心理产生了各种不良的影响。另外,家庭和睦与否也直接影响到了老年人生活水平的高低,家庭不和睦的老年人处于贫困状态的比例要大大高于和睦的家庭。三峡库区城镇不和睦的家庭比例要远远高于农村,但农村老年人贫困程度较城镇而言,比例较低。

八是人情往来致贫的贫困老年人。贫困老年人在人情往来方面也是一笔不小的开支数目。三峡库区的老年人由于亲情、友情关系复杂,平时婚丧嫁娶、逢年过节等方面的人情送礼不少,并且现在人情送礼的礼金数额也大幅上涨,少则100到200元,多则达到500及上千元,这给收入本来不高甚至没有收入的老年人带来不小的经济压力,有些老年人甚至由于人情消费而变贫困。

2. 社会原因

三峡库区贫困人口规模庞大,分布面广,而库区经济不发达,各级政府财力不足,很难腾出足够的财政经费开展扶贫工作,救助贫困老年人。贫困老年人的救助、扶贫工作本身是一项系统、复杂的工程,又加上贫困人口庞大的基数和人口老龄化的到来,更加难以在短时间大幅度地减少贫困老年人数量。

三峡库区贫困老年人纳入最低生活保障及救助对象,但仍难以保障基本生活需求。三峡库区贫困老年人最低生活保障的标准低,覆盖面窄。由于库区的区县经费有限,而需要救济帮扶的贫困老年人多,虽然领取了低保金,但其基本生活依然困难。三峡库区城乡贫困老年人最低生活保障往往只能按照低标准提供福利待遇,在经济不发达的城乡库区,贫困老年人的最低生活保障制度形同虚设,难以贯彻落实。另外,三峡库区的部分贫困老年人在自身丧失劳动能力的情况下,却碍于情面和社会看法,不愿意接受政府的救济和补助,宁愿过着清苦的生活。这种类型的贫困老年人在三峡库区并不少。

三峡库区作为内陆区域,各类信息、理念的传入及应用相对滞缓,政府救助贫困老年人的方式大多是在节假日时以物资慰问为主,救助理念相对滞后,方式较为单一,缺乏动态开发式扶贫工作思想。另外,三峡库区的部分贫困老年人对政府救助容易产生依赖思想,消极等待政府各类救助,导致库区贫困老年人是越扶越贫,越扶越多。此外,各类社会民间公益组织未充分参与到三峡库区的贫困老年人救助、慰问。同时,三峡库区对社会民间公益组织在救助、慰问贫困老年人方面缺乏科学、有效的引导和支持。

3. 自然原因

首先,三峡库区可耕土地资源有限,人地矛盾突出。三峡库区地形复杂,山高谷深,地形起伏大,山地占总面积的74%,丘陵占21.7%,河谷平坝地仅占4.3%。三峡库区耕地中的旱地面积占66.8%,水田面积占33.2%,旱地中大多是坡耕地,人多地少,人地矛盾突出,使得库区的不少居民难以改变贫困状态。

其次,三峡库区土地载荷能力不高,农业生态环境较为脆弱,经济发展承载力有限。三峡库区耕地不足,后备土地欠缺,且主要分布在山地;土壤肥力不均,生产力不高;库区山高坡陡、地质构造复杂,是全国地质灾害发生严重的地区之一;库区水污染、船舶污染、生活垃圾污染严重。三峡库区水位上升淹没大面积的土地以及土地污染,导致原本紧张的人地矛盾更加明显,加大了库区农业生产的压力,弱化了库区经济发展能力。

最后,三峡库区自然环境较为恶劣,生产及生活环境差,导致贫困人口的大量出现。三峡库区人均社会总产值低于全国平均水平,人均国民收入仅相当于全国人均水平的一半，是全国连片贫困地区之一，也是重庆市贫困人口分布的重要区域。三峡库区作为大山区、大库区，经济发展起步低，产业基础较弱，经济社会发展滞后，库区居民缺乏以市场经济为导向的生产理念和工作模式，人们增收困难，容易产生贫困问题。此外，三峡库区贫困人口基数庞大，人口自然增长速度快，人口老龄化速度快，也是导致库区贫困老年人数量扩张的重要原因。

6 人口贫困与三峡库区经济社会发展

6.1 三峡库区经济与社会发展

一个区域的经济社会发展总是受制于自然条件、地理区位、历史状况、经济基础及开发潜力等多种因素。三峡库区一方面得益于政策环境和发展机遇等条件,产业结构变动迅速,经济增长较快;另一方面,经济发展动力不足,产业空虚化严重,移民贫困风险加大。产业结构是经济结构的重要内容。通过对三峡库区2001—2011年三次产业的变动分析及其横向上的比较,就可大致判断出三峡库区的经济发展状态与水平。(图6.1)

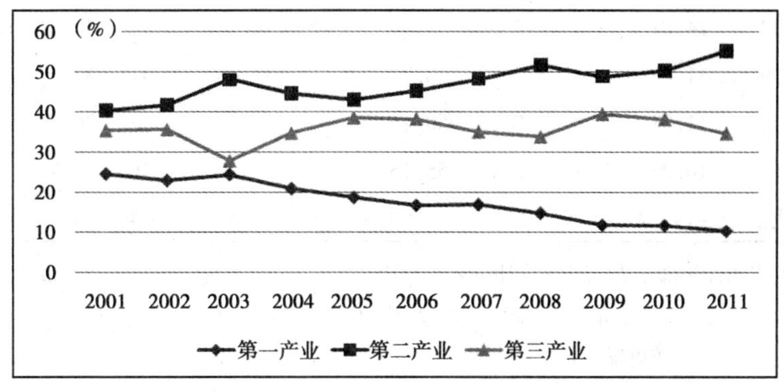

图6.1 三峡库区产业变化趋势

表6.1中所列数据表明：第一产业大幅度下降，第二产业比重明显上升，第三产业有所波动但总体持平。从第一产业所占比重来看，2001年库区第一产业比重为24.54%，此后逐年下降，2011年降为10.29%，10年下降了14.25个百分点，而同期重庆市下降了6.5个百分点，西部下降了7.67个百分点。2001年库区第二产业比重为40.17%，第二产业在2001—2005年间有少量上升，进入2006年后，库区第二产业比重明显上升，2011年达到55.15%，10年中共上升了14.98个百分点，而同期重庆市仅上升了12.8个百分点，西部上升了12.51个百分点。2001年库区第三产业比重为35.29%，至2011年下降到34.56%，下降了0.73个百分点，而重庆市、西部分别下降了6.3和4.85个百分点。由于库区第一产业大幅度下降，第二、三产业比重明显上升，因而大大缩小了与重庆市、西部在三次产业结构上的差距。2001年，库区三次产业构成为24.54:40.17:35.29，到2011年，库区三次产业构成变化为10.29:55.15:34.56，第二产业已明显居于主体地位。

表6.1　三峡库区2001—2011年三次产业结构及其与重庆、西部的比较/%

年　份	第一产业			第二产业			第三产业		
	库区	重庆	西部	库区	重庆	西部	库区	重庆	西部
2001	24.54	14.9	20.41	40.17	42.6	38.41	35.29	42.5	41.19
2002	22.88	14.2	19.45	41.59	42.9	38.5	35.53	42.9	42.04
2003	24.38	13.3	18.73	47.89	44.4	39.81	27.73	42.3	41.46
2004	20.91	14.1	18.71	44.48	45.4	41.12	34.6	40.5	40.17
2005	18.7	13.4	17.62	42.88	45.1	42.95	38.42	41.5	39.43
2006	16.74	9.9	16.01	45.09	47.9	45.36	38.17	42.2	38.63
2007	16.92	10.3	15.98	48.1	50.7	46.32	34.98	39	37.7
2008	14.81	9.9	15.56	51.49	52.8	48.1	33.71	37.3	36.35
2009	11.83	9.3	13.73	48.76	52.8	47.46	39.41	37.9	38.81
2010	11.71	8.6	13.15	50.16	55	49.99	38.13	36.4	36.87
2011	10.29	8.4	12.74	55.15	55.4	50.92	34.56	36.2	36.34
变化值	-14.24	-6.5	-7.67	14.98	12.8	12.51	-0.74	-6.3	-4.85

资料来源：国家统计局：《中国统计年鉴》(2002—2012年)，中国统计出版社；重庆市统计年鉴：《重庆市统计年鉴》(2002—2012年)，中国统计出版社；三峡库区各区县统计局，各区县历史统计资料。

2001 年,库区第一产业比重分别高于重庆市和西部 9.64 和 4.13 个百分点,到了 2011 年库区第一产业比重仅分别高于重庆市 1.89 个百分点,低于西部 2.46 个百分点。(图 6.2)

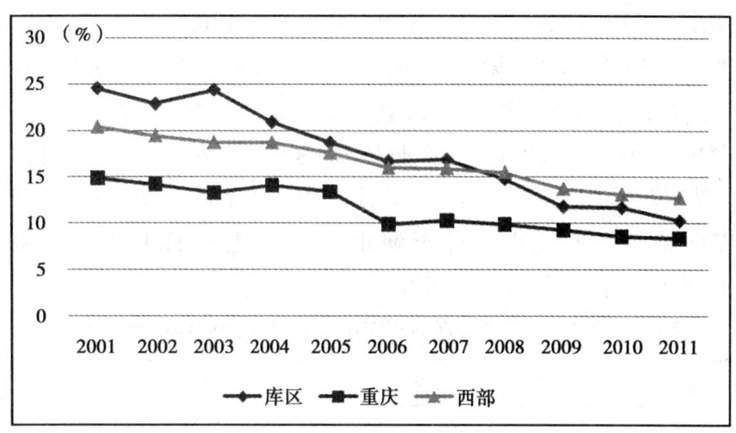

图 6.2　三峡库区第一产业与重庆、西部对比

2001 年库区第二产业低于重庆市 2.43 个百分点,高于西部 1.76 个百分点。2011 年库区第二产业比重达到 55.15%,仅低于重庆市 0.25 个百分点,高于西部 4.33 个百分点。(图 6.3)

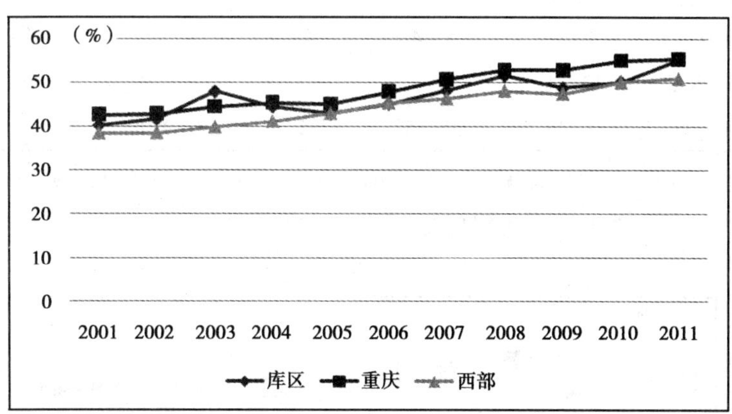

图 6.3 三峡库区第二产业与重庆、西部对比

2001 年,库区第三产业低于重庆市 7.21 个百分点和西部 5.9 个百分点,2011 年库区第三产业与重庆市和西部的差距缩小到 1.64 和 1.78 个百分点。产业结构的优化和调整是推动区域经济增长和发展的重要途径。三峡库区的产业结构变动表现出移民搬迁及国家加强基础设施建设等外来因素影响特征,这在一定程度上也导致了库区产业空虚化的状态。与周边省区相比,三峡库区的产业结构层次和水平呈低水平特

征。由表6.2可看出,2011年,库区第一产业比重为10.29%,在长江流域中上游6个省市中比重是最低的,高于重庆,同时还低于我国西部12个省市第一产业的平均水平。2011年,库区第二产业比重为55.15%,已略高于湖南、四川、江西、重庆、安徽、湖北,同时也略高于西部12个省市平均水平。2011年,库区第二产业比重为55.15%,仅低于江西约1个百分点,已略高于湖南、四川、湖北、重庆、安徽,同时也略高于西部12个省市平均水平。2011年,库区建筑业比重达到9.98%,高于湖北、安徽、重庆、四川、湖南、江西1~2个百分点,同时也高于西部12个省市约1个百分点。库区第三产业比重也低于湖北、湖南、重庆,而且低于西部12个省市平均水平1.7个百分点。(图6.4)

表6.2　2011年三峡库区与长江中上游省市产业结构的比较/%

区　域	第一产业	第二产业	工　业	建筑业	第三产业
湖北	13.1	50.1	43.6	6.5	36.9
湖南	14.1	47.6	41.3	6.3	38.6
安徽	13.4	54.4	46.2	8.3	32.5
江西	12	56.9	48.4	8.5	31.1
四川	14.2	52.5	45.1	7.4	33.4
重庆	8.4	55.4	46.9	8.5	36.2
西部	12.74	50.92	42.88	8.04	36.34
三峡库区	10.29	55.15	45.17	9.98	34.56

资料来源:国家统计局:《中国统计年鉴》(2002—2012年),中国统计出版社;重庆市统计年鉴:《重庆市统计年鉴》(2002—2012年),中国统计出版社;三峡库区各区县统计局。

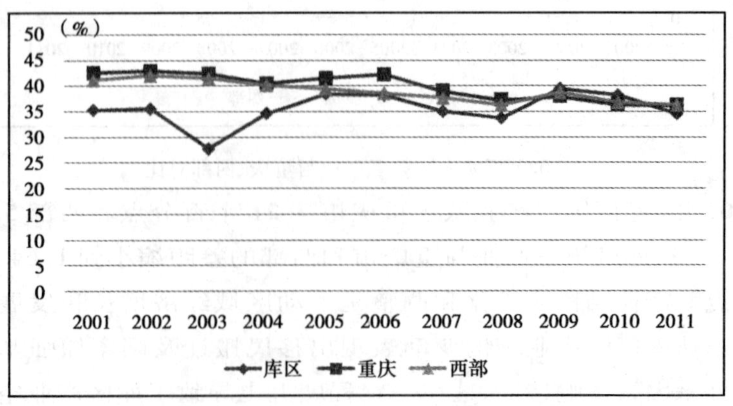

图6.4　三峡库区第三产业与重庆、西部对比

从经济发展的产业形态上看，三峡库区的农业发展主要依靠传统的生产要素投入和粗放的生产方式，农业生产条件差，劳动生产率低，商品农业没有得到充分发展。在农业生产结构上，种植业比重仍高达59.3%，渔业比重仅为2.76%，现代农业服务业为1.28%，呈现出典型的“粮猪型”农业生产结构特点。这种生产结构高度依赖于短缺的耕地资源，既发挥不了库区自然生态和自然资源的优势，也不利于水土保持和农业生态环境的保护。在农业生产条件上，以传统的粗放生产经营方式为主，以种植一般的产粮作物为本，耕地资源短缺，农业基础薄弱。在农业产业化的进程中，受制于地势和耕地总量等因素，库区的农业规模发展受到限制，而且农业产业化发展缺乏强效带动的龙头企业。虽然近年来涪陵榨菜集团、万州鱼泉榨菜、万州太白酒厂、涪陵娃哈哈、三峡果业、涪陵太极等一批龙头企业逐渐形成，但整体竞争力不强，规模以上农业企业较少，带动作用不大。例如，2011年，库区规模以上的以农产品为原料的轻工业产值仅为68.2亿元，与农业总产值之比为0.28:1，而重庆市为0.37:1，全国为0.88:1；库区食品工业产值与农业总产值之比为0.16:1，重庆市则为0.21:1，全国为0.36:1。加之农业商品化程度低，这一切导致库区农业产业化进程依旧相当缓慢。（表6.3）

表6.3　库区支柱产业变化情况

年　份	2001	2006	2011
化学制品制造业	19.29%	17.78%	16.50%
食品工业	10.47%	4.26%	5.62%
非金属矿物制品业	10.33%	9.48%	8.23%
化学纤维制造业	8.32%	3.76%	2.97%
交通运输设备制造业	7.83%	21.79%	18.30%
医药制造业	6.92%	7.42%	8.21%
烟草加工业	6.69%	4.69%	4.16%
纺织业	6.58%	6.56%	3.86%
电力、煤气供应业	5.77%	5.78%	5.93%
通用设备制造业	5.44%	5.22%	5.04%

资料来源：重庆市统计局：2012年重庆库区区县工业统计资料。

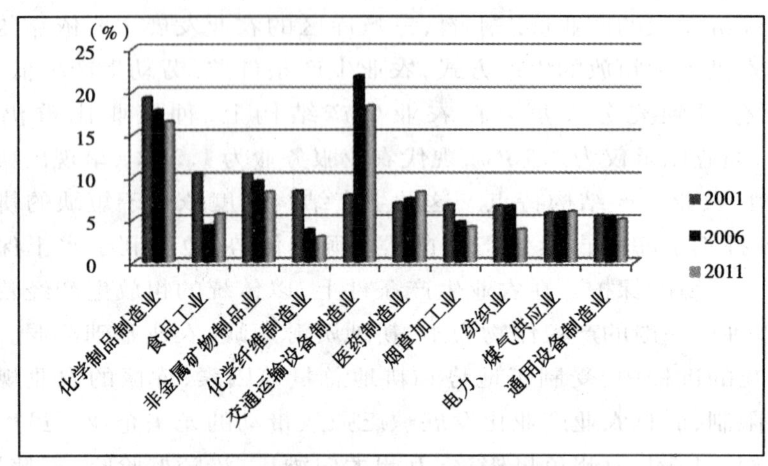

图6.5　2001—2011年三峡库区第二产业内部变化情况

三峡库区的工业发展因不属于国家生产力布局的重点区域，长时间以来，工业的基础发展条件一直较差。通过自身积累与循环，20世纪90年代初期，库区在食品、轻纺、卷烟、采掘、化工等方面形成了一定基础。三峡工程的兴建，为库区工业的发展带来了机遇，也使库区工业发展受到一定影响。从2001—2011年的产值比例变动情况看，2001年，库区工业支柱行业有10个，分别是：化学原料及化学制品制造业（19.29%），食品工业（10.47%），非金属矿物制品业（10.33%），化学纤维制造业（8.32%），交通运输设备制造业（7.83%），医药制造业（6.92%），烟草加工业（6.69%），纺织业（6.58%），电力、煤气及水的生产的供应业（5.77%），通用设备制造业（5.44%）。到2006年，库区工业支柱产业从10个减少为7个，分别是：交通运输设备制造业（21.79%），化学原料及化学制品制造业（17.78%），电力、煤气及水的生产和供应业（5.78%），纺织业（6.56%），非金属矿物制品业（9.48%），医药制造业（7.42%），通用设备制造业（5.22%）。又经过5年的发展，交通运输设备制造业（18.3%），化学原料及化学制品制造业（16.5%），电力、煤气及水的生产和供应业（5.93%），食品工业（5.62%），非金属矿物制品业（8.23%），医药制造业（8.21%），通用设备制造业（5.04%）成为了工业增长的主要动力。在工业支柱产业中，增长速度快，比例明显上升的有交通运输设备制造业和电力、煤气及水的生产和供应业，医药制造业也呈现出较好的增长态势，而其余支柱产业均有不同程度的下降，上升的主要是加工度较高、资本密集度较高的行业，下降的主要是资源密集型和劳动密集型行业，表明库区工业结构有较明显的高度化的趋势。同时，一些高污染行业如造纸及纸制品业、金属制品业、采掘业的比重进一步降低，也表明了结构调整力度的加大。但是，从总体上看,库区工业支柱产业以重工业和化学工业为主,除了交通运输设备制造业和通用设备制造业外,其余行业均呈现出较明显的资源密集型特征,其中建立在矿能资源利用基础上的资源密集型行业的比重达32.5%,原材料和基础产业比重大,深加工产业比重小,农副产品加工工业发展不足。库区这种工业行业结构既没有充分利用库区丰富的农副产品资源和劳动力资源,也不利于带动库区农业和农村经济的发展,解决移民就业问题,而且对于库区的生态环境影响较大,出现了一定程度的工业空心化现象。

三峡库区产业空心化具有其他区域产业空心化的一般特征、规律,但又具有特有的区域内涵。在三峡库区移民迁建、生态环境重建、社会重构和产业换代升级过程中,由于多种因素的共同作用,原有支柱产业(烟草行业、纺织业等)的衰退,而新的接续产业发展不够充分,缺乏能支撑三峡库区经济社会发展的支柱产业、主导产业,无法弥补已有产业衰退的影响,加之机械制造、重化工业具有资金密集型特点,而且其中的原材料和基础性工业前向联系效应强而后向联系效应弱,尤其是对农业、农村经济带动作用弱,从而导致新旧产业出现"青黄不接",区域产业发展不能满足当地多数居民基本生存需求和发展需要,就业矛盾加剧,相当部分城乡居民生活水平下降,贫困化程度加深的现象。

另外,库区大型企业支撑作用不强,大中企业专业化程度不高,区县工业发展极不平衡。三峡库区工业发展起点低,规模企业较少。如2011年,重庆库区规模以上工业企业422个,其中近郊5区280个,占总数2/3左右,加剧了区域的不平衡。就大型企业年均产值和资产来看,库区为9亿元和18亿元,全国为12.84亿元和28.5亿元。相比之下,库区企业规模偏小,支撑能力不足,不仅影响规模经济效益的发挥,也影响技术创新能力。加之库区工业是在一个相对封闭的环境中发展起来的,在发展过程中又比较强调建立相对齐全的工业体系,因而中小企业专业化程度较低,为大型企业配套协作的能力较弱。(表6.4)

表6.4　库区大中型企业概况

类　别	大中型企业数/个	工业企业资产/亿元	工业总产值/亿元	工业增加值/亿元
重庆库区	422	4 270	4 994	1 054
近郊5区	280	3 112	3 985	765.6
占库区比例	66.35%	72.88%	79.80%	72.67%
中部10县	142	1 158	1 009	288
占库区比例	33.65%	27.12%	20.20%	27.33%

另外,库区工业低附加值、低技术含量的传统产业比重大,高新技术产业发展缓慢。库区产业主要集中在盐气化工、天然气、石油、技术纺织、矿产资源加工等资源型加工和低附加值、低技术含量的传统产业,高新技术产业严重不足。2011 年,重庆库区高新技术产业增加值占 GDP 比重为 1.5%,低于重庆主城区 1.7 个百分点,高新技术产业发展滞后,无法有效改造传统产业,促使产业升级缓慢。

从 20 世纪 90 年代以来,三峡库区第三产业发展迅速,第三产业占 GDP 的比重由 1996 年的 22.82% 提高到 2011 年的 38.61%,15 年间上升了 16 个百分点,增长速度远高于同期 GDP 的增长率。(图 6.6)尤其可喜的是,住宿餐饮业、金融保险业等高端第三产业发展较快,高于全国平均水平,呈现出良好的发展态势。但库区仍存在传统服务部门比重大等缺点,在提高居民科学文化水平和素质的第三产业部门中,科学研究和综合技术服务业发展不足。党政部门的比例较高、相对规模较大,必然加大库区地方政府的财政压力。更为严重的是,库区科研投入太低,支出水平为 1.35%,低于全国平均水平 3%,为库区的未来发展埋下了隐患,第三产业内部结构见表 6.5。

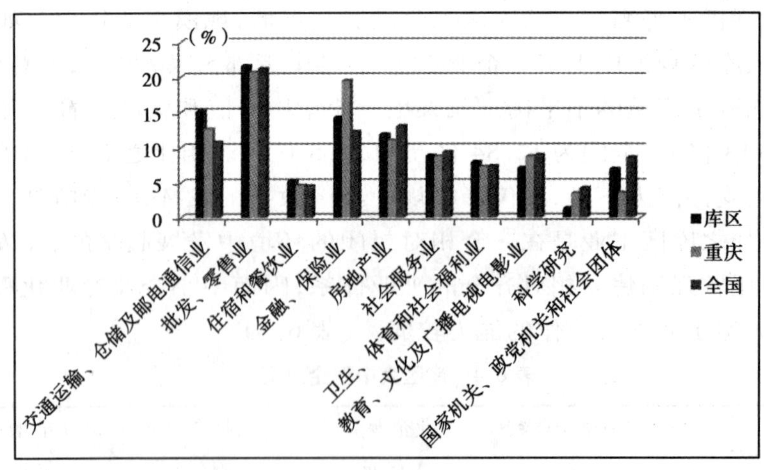

图 6.6　2011 年重庆库区第三产业内部结构及其与重庆、全国的比较

表6.5 2011年重庆库区第三产业内部结构及其与重庆、全国的比较/%

地区	交通运输、仓储及邮电通信业	批发、零售业	住宿和餐饮业	金融、保险业	房地产业	社会服务业	卫生、体育和社会福利业	教育、文化及广播电视电影业	科学研究	国家机关、政党机关和社会团体
库区	15.08	21.6	5.22	14.23	11.83	8.82	7.9	7.06	1.35	6.91
重庆	12.59	20.62	4.59	19.45	10.94	8.73	7.25	8.75	3.51	3.57
全国	10.7	21.2	4.5	12.2	13	9.32	7.36	8.92	4.24	8.56

资料来源：国家统计局：《中国统计年鉴》(2011年)，中国统计出版社；重庆市统计局：《重庆市统计年鉴》(2012年)，中国统计出版社；重庆市统计局：2012年重庆库区区县第三产业统计资料。

三峡库区的社会事业发展，虽然受到自然条件和经济水平的制约，起点比较低，发展进程相对滞后，发展状态相对落后，但随着三峡工程建设机遇的促进，三峡库区的社会事业不断朝着有利于居民身心健康的方向发展。卫生、体育和社会福利业占第三产业比重为7.9%，超过了全国平均水平。从基础教育来看，2011年，库区中小学每名老师负担学生数为18人，而2006年库区中小学每名老师负担学生数为20人，2011年，重庆市平均数为19人，这项指标反映出库区的教育事业有了较大发展，师资不足的情况明显改观。重庆市库区15县小学学龄儿童入学率都在99%以上，初中适龄入学率也平均达到98%以上，库区九年制义务教育普及任务基本得到完成。从基础设施建设看，库区三县基本实现了村村通工程，大大提高了村民获取外界信息的能力和机会。但由于地势条件所限，山高谷深，居住分散，基础设施建设成本高昂，三县都不同程度存在通路、通信、通电、通水困难。从医疗卫生看，2011年，库区每千人拥有医生为2.65人，每千人拥有的病床数为2.68张；重庆市的平均水平分别为3.28人，3.24张。这一组数据说明，库区的卫生条件有待进一步提高。

总之，三峡库区的经济社会发展，不论是在基础设施条件，还是在经济发展速率及产业结构调整等方面，都呈现出较好和较快的发展趋势。但同时也存在着发展资源不足、发展动力不够、产业结构不平衡、第二产业空虚空心化严重、社会事业落后、移民贫困等问题与困难。可基本归纳为：

1. 基础设施明显改善,但发展环境仍显不足

三峡工程开建后,国家在库区实施了开发性移民方针,制定了一系列支持移民搬迁和发展的政策。随着国家移民资金的大量投入和政策倾斜,三峡库区的投资规模达到了空前的高度。基于《中国统计年鉴》(1998—2011)和《重庆市统计年鉴》(1998—2011)等资料分析,三峡库区的固定资产投资增加从1997年的29.67%逐步上升到2011年的69.31%,固定资产投资增加额从129亿元增加到2005年的534.5亿元,再增加到2011年的1 608亿元,实现了五年一大步的飞跃。对于一个欠发达的贫困地区而言,资本是决定经济发展和增长的重要因素。三峡库区资金投入的快速增长,使得原本落后的基础设施条件得到极大改善,尤其是城镇、交通、通信等领域的建设改造取得了前所未有的成绩。但由于先前基础的薄弱,不可能在短时间内单纯依靠国家的资金投入解决三峡库区所有的基础设施问题。相比之下,库区的发展条件还有待进一步的改造和优化。如目前的交通条件主要是基于行政区划改善了与重庆主城区和湖北宜昌的两极联系,而库区内部的循环交通网络迟迟没有建立,更不用说打通三峡库区连接我国东、中、西部的快速陆上通道,未来的发展道路依然任重而道远。

2. 经济发展速率较快,但增长拉动不尽合理

经济增长是经济发展的重要标志之一。伴随着国家对三峡库区大规模的强势资金投入,库区的经济发展速率明显加快。依据2002—2012年的《中国统计年鉴》和《重庆市统计年鉴》等资料分析,2002年三峡库区GDP的增长率仅为12.75%,2007年一下上升到24.19%,投入拉动初见成效。2007—2011年,经济发展速率从24.19%逐步升到28.31%。经济发展速率的上升趋势,使三峡库区人均GDP提高较快,由2001年的4 643元提升到2011年的30 863元。库区人均GDP的快速增长,与重庆市相比,绝对差异却在呈扩大趋势,由2001年的高于重庆市276元到2011年的低于重庆市8 852元,11年间绝对差异扩大了31倍。区域差异的不断拉大,使得三峡库区区县之间的穷者愈穷、富者愈富的马太效应更加明显。尤其值得注意的是,库区中部10个县域的人均GDP仅占全国的52.4%,意味着三峡库区的腹心地带相对于全国平均水平已成为较低收入的贫困地区。另外,由于三峡库区的经济增长结构单一,经济发展主要是靠投资拉动,因而在三峡库区,经济增长对投资的依存度特别大。随着移民搬迁结束后移民资金投入的减少,三峡库区的经济增长模式若不改变现有结构,不加大内需的刺激和出口的带动,不着力培育新

型产业支撑,其经济增长率很可能在不远的时段出现下滑。

3.产业结构变动较大,但内部发展不平衡

经济发展不仅表现为经济增长,更是一个产业结构的变动过程。随着三峡库区移民的大规模搬迁和国家对库区倾斜性的建设投入,库区的产业结构发生了较大变化。2001—2011年11年间,第一产业和第三产业比重分别下降了14.25个百分点和0.73个百分点,第二产业上升了14.98个百分点。第二次产业在重庆库区的确起到了经济发动机的作用,它的快速发展直接带动库区经济在量上的提升。但是,合理的产业结构应该是"三、二、一"的模式,而目前三峡库区的产业结构是:10.29:55.15:34.54,第二产业占比较高。通过这个比例说明这个地区还处在产业发展的初级阶段,经济仍然粗放型增长。如果不及时调整三次产业结构,始终保持第二次产业占主导的产业发展方式,经济增长将无法持续。重庆库区移民工作进入后期扶持阶段后,类似于就业这样的社会问题就开始凸显,而这样的社会问题直接与库区的经济发展状况相关。为了快速打下经济基础,库区在发展产业时往往重量不重质,产业发展项目多以劳动密集型的初级加工制造业和资源密集型的化工产业为主。以重庆库区的腹心万州区为例,万州的产业主要以资源密集型为主,粗放型增长为主的企业较多,此类产业产值2011年上半年占全区总产值的比重达30%以上,而万州区的特色产业:盐气化工、新型材料、机械电子、纺织服装、食品药品也属于非集约型增长,其产值占全区总产值比重达到68.2%。考虑到生态环境的限制,库区不能持续依靠这样的产业发展方式,必须控制产业数量,提升产业质量,其产业结构转型已经迫在眉睫。①

4.人口的城镇化进程较快,但脱贫任务艰巨

城镇化作为一个农村人口不断向城镇集中的过程,不但会加快人口、资本的集聚和集中,提高经济活动的效益,而且还会扩大社会需求,为第二、第三产业的发展创造条件。

三峡库区的城镇化进程源于大规模的移民搬迁和基础设施建设。部分失去土地的农村移民只好进入城镇就业、谋业、创业,生产生活方式的转变,城镇人口基数的增大,凸显了三峡库区城镇化水平和发展速率。三峡库区非农人口比重从1997年的13.6%上升到2011年的45.3%。三峡库区的城镇化进程,与一般的城镇化动因规律相左,它不是靠工业

① 张婷.三峡工程重庆库区产业合理化建议[J].重庆与世界,2012,8(8):19-23.

化和非农产业发展来强力推动,而是更多表现为一种“外来因素”影响和“自上而下”的特征。

由于缺乏产业和经济支撑,三峡库区虽然人口的城镇化速度较快,但总体上的城镇化水平却很低。据第五次人口普查资料显示,库区腹地的城镇化率仅为重庆市城镇化率的一半。农村移民的城镇迁入,在就业市场、就业能力和土地生存资源“三缺失”的背景下,其生存和生活状态在温饱线上徘徊。城镇移民受制于产业及结构调整等因素,再就业相当困难,一部分领取低保的移民处于相对贫困状态,更多城镇移民在企盼社会保险资金领取的时间等待中困守着生活的窘迫。移民贫困制约着库区的经济社会发展,三峡库区的贫困又使得移民的脱贫任务更加艰巨。

6.2 人口贫困对三峡库区经济发展的影响

三峡库区是一个贫困山区,区域贫困影响着人口贫困,而人口贫困又制约着区域经济发展。三峡库区的人口存在着区域性与历史性的贫困,人口的低收入使得维持基本的生活必需都很困难,更谈不上对教育、健康、生产与就业等方面的投入。与此同时,低素质劳动者和低产出的大量存在,不仅对人口自身贫困造成影响,而且对三峡库区的产业发展、经济增长、人口—资源—环境的可持续等也影响深远。由于区域贫困和人口贫困,低的投入决定着低的产出,低的收入决定着低的消费,三峡库区的经济发展因贫困而大受影响。

1. 表现在投资上

三峡库区的投资既有资金来源上的不合理也有投资结构上的不合理,但都是贫困落后使然:一方面,三峡库区的投资来源单一,对计划内资金和国内贷款的依赖程度较高。2011 年,重庆三峡库区的全社会固定资产投资总额为3 150亿元,但这些资金主要来源于国家计划内资金和国内贷款,民间投资只占了很小的份额。投资来源的单一,对计划内资金和国内贷款的过分依赖,意味着库区投资易受移民搬迁投资和国家财政及金融政策的影响,一旦计划内投资减少或国家财政金融政策发生变动,库区的投资增长就必然出现下降;另一方面,三峡库区的投资结构不合理。在 2011 年三峡库区3 150亿元的全社会固定资产投资中,用于城镇的投资达到了 3 098 亿元,占据了投资总额的 98.3% 。而三峡库区有一半的人口位于农村地区，而且大多是贫困人口，这种投资结构的不合理加剧了三峡库区的城乡差距。

2. 表现在经济增长速率上

从 1997—2011 年三峡库区 GDP 的增长率走势可以看出，三峡库区进入二期移民后的第一年，GDP 增长率仅为 1.87%，分别比西部、重庆市低 5.47 和 3.99 个百分点。虽然随着二期移民搬迁的全面展开，移民搬迁和建设规模的扩大，三峡库区 GDP 才逐年呈上升趋势，但到 2004 年，伴随二期移民结束后移民投资的减少，三峡库区的经济发展走势一下就进入一个拐点，增长率迅速滑落。近年来，三峡库区的经济增长有所提高，以 2011 年为例，三峡库区的经济增长率为 28.3%，高于重庆市的 16.5%，但值得注意的一个问题是，拉动三峡库区经济增长的主要动力依然是投资，而且是政府的财政投资，这种经济增长很难具有持续性。事实上，正是由于人口贫困所造成的内生增长动力不足才导致了三峡库区经济增长对财政投资的严重依赖。

3. 表现在区域与内部发展差异上

伴随着三峡库区经济的增长，人均 GDP 有了较大的提高，与重庆市的相对差异有所缩小，但与重庆市人均 GDP 的绝对差异仍在增大。1997 年，三峡库区与重庆市人均 GDP 相差1 269元；2001 年，上升到1 895元；2011 年，则上升到了3 798元，14 年间绝对差异就扩大了2 429元。在三峡库区内部发展上，县域之间、城乡之间、移民区与非移民区之间，经济发展极不平衡。三峡库区是连片的贫困山区，是经济的欠发达地区，也是全国的人均低收入地区。区域经济的发展很大程度上靠外力的投入和拉动。移民的搬迁与基础设施建设带来了前所未有的资金投入。淹没多的、移民多的、搬迁大的，相应获得了大规模的建设投入和资金补偿。于是三峡库区内部的经济发展就出现了明显的差异。例如，紧邻江河的巫山、奉节、云阳、开县、万州、忠县、丰都、涪陵八个区县，借移民契机，城镇得到了全新的改造，经济上获得了一定发展。万州、涪陵两个中心城市，借移民之力，加大招商引资，产业重组优化，城市综合实力得以加强，对周边区域形成较大的辐射带动力。作为“库三角”的万州、云阳和开县，借移民开发、区域之便，交通条件得到明显改善，彼此经济联系进一步加强。但移民小县巫溪等区域，仍在一定程度上困守于落后的条件，历史贫困与区域贫困同存，制约着经济社会的发展。三峡库区区县之间、城乡之间“穷者愈穷、富者愈富”的马太效应十分明显，已严重影响到区域的健康可持续发展。

4. 表现在人均收支和资本积累上

虽然三峡库区经济总量有所增长，人均 GDP 也有较大提高，但由于其经济发展的起点低，经济基础薄弱，贫困人口居多，造成三峡库区资金的自我积累能力较弱。2011 年，重庆三峡库区 15 个区县的人均 GDP 为26 079元，而同年重庆市、西部和全国人均 GDP 分别为29 877元、27 584元和35 083元，三峡库区人均 GDP 分别比重庆市、西部和全国低3 798元、1 505元和9 004元，所占三者的比例仅为 87%、94% 和 74%。一般而言，人均 GDP 的高低决定着人均收入与支出，2011 年，三峡库区人均消费品零售额为7 188元，而重庆市、西部和全国分别为 11 386 元、8 786 元和13 534元，三峡库区人均消费品零售额仅相当于重庆市、西部和全国的63%、82% 和 53%。事实上，较低的收入水平也制约着投资的增长，三峡库区人均收入水平的低下容易使其陷入"低收入→低购买力→投资引诱不足 + 金融资本流失→低资本形成→低生产率→低产出→低收入"的恶性循环。

5. 表现在产业经济发展上

一个地区的产业结构和空间结构反映了区域经济发展的水平，决定着资源的利用方式和效率的高低。三峡库区因位处贫困山区，生产力水平长期低下，传统农业经济占据着主导地位。近年来，随着大规模移民搬迁的进行以及国家对库区经济建设的扶持，三峡库区的经济结构逐步得到调整，但仍存在诸多问题：产业结构层次低，结构不合理。以 2011 年为例，第一、二、三次产业结构构成分别为：10. 29、55. 15 和 34. 56。第一产业高于重庆市 1. 89 个百分点；第二产业低于重庆市 0. 25 个百分点；第三产业低于重庆市 1. 64 个百分点。产业结构呈现出农业偏重、工业空洞、服务低端的格局特点。这一产业布局的层次特征，在一定程度上是与区域的贫困、资本的匮乏和消费水平的低下紧密相关的。由于农业的粗放式经营，不需投入多少也没有多少投入，三峡库区的农业长期以传统的农业生产方式为主，是典型的"粮猪型"的生产结构，农业的劳动生产效率极低。三峡库区的工业发展，虽初步形成机械、化学、电力、建筑材料及食品加工和制造为主的工业体系，但由于区域贫困的投入不足和消费带动能力不强，规模经营程度低，技术陈旧落后，缺乏有核心竞争力的支柱行业。三峡库区的第三产业受消费能力与消费水平的影响，主要以传统的餐饮、商贸、运输为主，代表第三产业发展方向的金融保险、社会服务和科学研究发展滞后。

6. 表现在空间经济结构上

在长达600多千米，涵盖15个区县的三峡库区，经济发展水平的空间分布呈现库尾和库首两头高、中间低，离中心城市越远、水平越低的地域特征。从城镇化水平上看，2011年，三峡库区城镇化率为50%，重庆市城镇化率为55%，三峡库区的城镇化率低于重庆市5个百分点。这在一定程度上说明三峡库区经济总体活动的积聚程度低，城镇体系结构不合理。仅有的1个特大城市和1个大城市分布于库首和库尾，中等城市的比例不高。特别是三峡库区中部地区，即核心地区不仅城市数量少，而且经济程度低下，经济实力弱小，周边集中了大片贫困山区，这种畸形的城镇体系结构和弱小的经济实力难以有效地组织区域内的经济活动，严重地影响了三峡库区经济社会发展。

总之，人口贫困对于三峡库区经济的影响巨大，同时，这种影响多是消极方面的，人口贫困已经成为了制约三峡库区经济发展的主要障碍。因此，在有关三峡库区经济发展的政策实践中要特别重视人口因素，注重从缓解人口贫困的渠道去促进三峡库区的经济发展。

6.3 人口贫困对三峡库区社会发展的影响

一说"穷生变"，"变"，既可能向好的方向转变，也可能向坏的方向转变；一说"饥生盗"，饥寒起盗心；更有一说"贫困是万恶的根源"，盗抢、诈骗、赌博、吸毒、淫秽、暴力等社会丑恶现象与贫穷密切相关。事实上，一个社会贫富差距过大，贫困人口过多，贫困程度过深，必然会引发出诸多问题，增大社会运行成本和治理难度，在一定程度上阻碍或延缓社会健康有序的发展。

三峡库区的人口贫困具有经济性贫困、保障性贫困和知识性贫困三个主要特征。经济上的贫困、社会保障上的缺乏为少数贫困人口走上不正当求生之路提供了一种可能，而知识上的弱化、文化上的愚昧则为实施不正当求生手段提供了必要的催化剂。

在对库区有关人口及移民的实地访谈中，我们把盗抢、诈骗、赌博、吸毒、淫秽、暴力等统称为"社会问题"，围绕"社会问题"与贫困的关系，我们的调查内容主要涉及三个方面：一是有"社会问题"者中贫困人口占了多大比重；二是贫困人口是否比其他人更容易染惹上"社会问题"；三是贫困人口染惹上"社会问题"后是否恶化了其生计状况。通过入户调查、关键人物访谈以及必要的问卷手段调查所掌握的资料信息来看,“社会问题”与贫困有很强的关联性:一是“社会问题”沾惹者中大多数人家庭贫困,或者说他们沾染所谓“社会问题”的大多人都与家庭贫困有关,他们或是因为想要改善家庭的贫困现状,而走上所谓的“致富捷径”,又或者是因为承受不了家庭贫困的重压,而寻找相应的“解脱之道”,一系列的社会问题便由此产生。二是移民中“社会问题”沾惹者以无业人员居多,年龄一般为16~25岁,他们的共同特征就是贫困。如在云阳东城的云安移民片区,贫困人口多、贫困率高,该区域社会问题沾惹成员也相对较多,占整个人口的比例相对较高。有资料显示,云阳新城40%的社会治安事件都与此有直接或间接的关系,这在很大程度上说明贫困与“社会问题”的出现是高度重合的,也即说明人口贫困问题对社会的健康、可持续发展有消极作用。三是从某种角度上讲,染上“社会问题”的贫困人口,他们的生活质量不但没有得到多大意义上的改进,反而有所下降。例如,染上毒品的贫困人口会因为支付这些高额的“消费品”而加剧自身和家庭的贫困程度。又如,因为抢劫、偷盗等违法犯罪行为而受到法律制裁的人,不但给身边的亲朋带来了心灵伤害,也使得家庭丧失了取得经济收入的劳动力,恶化了生计状况。

事实上,除了人口贫困对三峡库区社会影响的上述微观论证外,在宏观层面,人口贫困也对三峡库区社会发展产生了一系列影响,主要体现在以下几个方面。

1. 社会不稳定因素增多

人口贫困问题虽说是一个发展中的问题,但随着社会经济转型,收入差距逐步拉大,矛盾急剧凸显,人口贫困问题已经成为一个具有潜在爆炸性的问题。以三峡库区移民贫困为例,目前,三峡库区已经累计完成移民达百万之巨,因受自然地理环境制约、移民途中损耗、移民重新安定需有过渡期以及政策执行不当等多重因素影响,在如此庞大的移民中,难免会催生部分移民贫困层。虽然移民贫困层中的很多人之前也是贫困人口,但同之前稳定的生活相比,这部分人群的生活质量有下降趋势,加之自身职业技能不高,部分移民进入城镇后谋职机会并不多,一味靠领取微薄的救济金或生活费度日,其经济压力和心理压力显著增大,容易引发矛盾与冲突,增加不稳定。我们的调查也显示,三峡库区的一些无业人员因生计所迫铤而走险,以贫困人口较为集中的万州宝龙区双河口社区为例,2011年,社会治安案件占全区社会治安案件的近20%,这充分说明人口贫困在一定程度上潜含影响社会稳定与和谐的不利因素。

2. 贫富差距继续拉大

贫富差距过大既是社会问题，也是引发社会问题的原因之一。整个三峡库区不仅绝对贫困和相对贫困的人口基数在发生变化，而且绝对贫困和相对贫困的贫困度和收入差距在拉大。表现在三峡库区内部为有工作和没工作的，收入高与收入低的，家庭负担重与家庭负担轻之间的差距。表现在区域间的比较上，三峡库区是一个具有历史性、经济性和区域性贫困特征为一体的贫困山区，贫困人口多，移民任务重，致富压力大，随着全国以及重庆的区域不均衡发展，三峡库区的相对贫困会日益突出。无论是三峡库区内部贫富差距拉大还是三峡库区同全国其他地区贫富差距的拉大，都会对三峡库区社会的发展产生不利影响。进一步讲，贫富差距拉大最容易造成的社会问题就是马太效应以及贫困的代际传递，导致富者愈富、贫者愈贫，三峡库区的社会发展存在着此类风险。

3. 城市人口贫困问题日益突出

三峡库区的城市化进程中，大量人口从农村流向城镇，这其中既有以“国家行动”名义进行的强制性移民，也有农村贫困人口向城市的牵引性流动。农村人口以此类方式流向城市，会给城市带来大批的“介入下贫困人口”和“流入性贫困人口”，加大了城市的贫困人口规模，也使得城市人口的贫困问题更加突出。由于水库移民的强制性以及移民货币补偿的不理想，相当一部分人在用完一次性的货币补偿后，只能靠低保维持生计，形成了一批“介入性贫困人口”。与此同时，由于城乡发展的失衡，许多农村贫困人口为享受城市生活的便利，也从农村流入了城市，形成了一批“流入性贫困人口”。由于这两类贫困人口存在着许多相同或相似的利益，这些贫困群体极易形成共谋，当他们的利益受到损害时，就会团结起来形成一个共同体与冲突方博弈，聚众闹事等极端行为就会发生。城市是区域人口聚集中心，经济、政治、文化发展中心，在城市一旦有社会矛盾被激发，那么其破坏范围和破坏程度必将远远大于和深于农村地区。近些年来，三峡库区不时发生的城市无业贫民上访、到各级政府机关静坐乃至阻断交通、聚众闹事等突发事件，其中除少数事件为个别不法分子所操纵和利用外，大多数的上访和要求并无恶意，而是为生计所迫。尽管如此，这也会对社会的稳定和正常的秩序造成负面影响。

4. 社会心态环境趋于脆弱

一般说来，社会问题源于社会结构和形态的异常，而这种异常往往会通过社会心态折射出来，然后才逐渐演变为社会问题。社会心态环境指在特定时段内所构成的群众社会情绪的基调，或者说构成某些社会共识的约束条件，以及形成共同社会行为的基础①。而人口精神贫困的典型特征就是缺乏信心、思想观念陈旧、好逸恶劳等负性心理严重，一旦人口贫困成为一个普遍的问题时，社会心态环境就会变得脆弱。从三峡库区的实际情况来看，正如前文分析的那样，三峡库区的贫困人口有向区域集聚的趋势，贫困人口的区域集聚以及人口贫困所造成的社会心态环境的脆弱极易产生“内隐性冲突”，与此同时，这种脆弱的社会心态还会给三峡库区的社会发展罩上一层阴霾。

因此，政府需要对人口贫困有一个正确的认知。在力促贫困人口转变观念，扶贫立志，优先就业安排，健全社会保障，及时跟踪贫困人口生活波动和完善贫困监测手段等方面作出政策调控和帮扶举措，把人口贫困对社会发展造成的不利影响降到最低水平。

---

① 孙元明. 三峡库区“后移民时期”若干重大社会问题分析——区域性社会问题凸显的原因及对策建议[J]. 中国软科学,2011(6).

7 人口贫困与三峡库区人力资源开发

人口贫困在很大程度上受制于自身素质。作为经济社会发展活动的主体,人口的文化素质越高,其对市场的适应力、判断力和竞争力越强,可供选择的就业机会越多,致富的门路越广,其精神上的追求和积极的心态也成为摆脱贫困的巨大动力。从人口素质与经济发展的关系来看,二者存在着千丝万缕的联系,经济是基础,经济发展决定人口发展,人口素质的高低取决于生产力发展水平和社会经济状况,经济发展能够促进人口素质的提高,人口素质会反作用于经济发展,二者之间既相互促进,又相互制约,当人口素质与经济发展同步时,就会促进经济发展,反之,则会成为经济发展的巨大障碍。因此加大提高人口素质的力度,可以在促进经济发展的同时,进一步帮助人们脱贫致富。而人口素质的提高,重在人力资源的开发。人力资源开发则通过采取教育、培训人的知识、技能、经营管理水平和价值观念等手段方法,提高人的素质,挖掘人的潜能,合理配置和使用人力资源,在一定时期内促成个人成长和提高工作绩效。

发展经济学认为,在现代经济增长的要素构成中,劳动者素质的提高具有越来越重要的作用。要提高劳动者素质,改变人口质量,教育是最重要的途径,它使人口成为重要的人力资源。通过教育,人口可增强求生的技能,增多就业的机会,选择多种谋生方式,增大职业的效益。就教育的经济功能而言,在微观层面,人口受教育的程度越高,得到的收入也越高;在宏观层面,也能有效地促进所在区域的经济增长。这也反映出人口素质高低对于推动经济增长的作用的重要性。三峡库区的人力资源开发，旨在通过基础教育、职业教育、技术培训和医疗卫生等方面的人力资本投资，充分利用和挖掘人口的潜在能力，从而提高人口的整体素质和经济扩张能力。

但是，三峡库区的人力资本形成能力不足，人才储备匮乏。三峡库区部分人口因为贫穷而日渐边缘化，并因知识贫困而加剧。从一定意义上讲，三峡库区最稀缺的资源是知识资源，最短缺的资本是人力资本。三峡库区知识贫困问题严重，其低水平特征表现为：知识获取能力、知识吸收能力与知识交流能力差。贫困人口的教育开发对自身脱贫解困及库区经济社会的可持续发展有着重要的影响。

7.1 人口素质与脱贫致富的关联制约

人口素质是社会发展的重要标志，制约着国家或地区的经济发展与社会进步。人口素质与脱贫致富的关系很早就被人口学界和经济学界所关注，因为无论经济如何发展，每个国家都存在一定程度的人口贫困问题，贫困是世界各国都必须面对和解决的问题，而人口素质在致贫的诸多因素中发挥着至关重要的作用。正如世界银行在《1990 年世界发展报告》中提到的："如果不对穷人的人力资本作较大的投资，从长远来看，减轻贫困的努力是不太可能取得成功的。"具体而言，人口素质与脱贫致富是一个互动关系，二者相互影响、互为条件。人口素质的高低及潜能的转化，决定着脱贫致富的概率与进程；经济上的脱贫致富会进一步提升人口本身素质，从空间地域上看，在经济富裕地区，人口素质一般普遍较高。

人口素质是一个多学科的研究对象，涉及人口性别、年龄结构、职业结构、教育水平、国家政策等多方面的因素。而对于人口素质的定义，可将其界定为人口总体或人口系统具有的认识世界和改造世界的潜能，即生理潜能和心理潜能。其内在结构包括身体素质、智力（文化）素质和心理素质。

人口素质的高低是经济发展的必要条件。从人口经济学角度看，人口素质既有高低、优劣问题，也有潜能转化程度的快慢和大小问题。就经济发展而言，人力资本的积累过程就是人口素质的不断提高与改善过程；人力资源的开发表现为人口素质的开掘与转化。只有当人口素质不断提高，潜能不断地得到转化，才有可能真正促进一个区域的社会经济发展，趋于脱贫致富的目标实现。

对于“脱贫致富”，目前最常见的就是确立某一人均收入标准作为贫困线并据此判定脱贫与否。事实上对人口贫困的考察，要关乎自然、历史、经济、社会和精神等因素。看看区域的自然条件、资源禀赋及历史发展状况；观测经济上的产值、人均GDP、人均纯收入、就业状态及消费水平；查实文化、卫生等基础设施建设及拥有数量；评估各级入学率、平均受教育年限，文体参与度及对新生事物的接受度等。基于人口经济学的分析，脱贫致富的基本标准一在生活质量，二在人口素质。人口素质低下不仅是广义贫困的一个重要特征，也是狭义贫困的一个重要根源。人口素质的高低影响着人力资本的存量，影响着一个区域人力资源的潜力开发，在一定程度上决定着脱贫致富的速率与进程。

当然，随着经济社会的发展，在不同的时段与区域空间，脱贫致富的认同标准各不相同，表现出一种相对状态。在大多数人温饱问题尚未解决的情况下，“温饱”就是脱贫的目标，家有万元就是富裕；在绝大多数人温饱问题已解决的情形下，“小康”则成为脱贫致富的新目标。贫穷是一个相对于“富裕”而言的概念，西方经济学是以财富的多少来划分财富的。美国经济学家阿瑟·刘易斯（A. Lewis）说，发展经济学主要研究1980年人均产出低于2 000元的国家的经济结构和经济行为。世界银行（WB）也是以拥有财富的数量来划分财富的。世界银行在《1988年世界经济发展报告》中指出，低收入国家主要是指1986年人均国民生产总值（GNP）为425美元以下者。我国也是以人均收入来划分贫困地区和贫困人口的，不同时期有不同的划分标准，如1981—1983年将年人均纯收入120元以下划分为贫困人口。1985年将人均年纯收入200元确定为贫困线，2007年调整为1 067元，2009年这一标准为1 196元，2010年为1 247元。到2011年，该标准已经提升至2 300元。

王小强、白南风曾在《富饶的贫困》一书中提出假说：人的低素质是“落后”概念的本质规定。之后，一些人开始从人口素质角度去关注贫困的成因和反贫困的出路问题。本章节重在人口经济学检验，从身体素质与文化素质两方面去探讨人口素质在脱贫致富过程中的实际功能与影响。

7.1.1 健康状况与脱贫致富

健康是人力资本的重要形式之一，因此民众的健康可以看成发挥功能的一种关键性的基本能力,健康被剥夺是贫困的一种形式,也是导致收入贫困的重要原因。健康的负性事件,即疾病的发生一方面造成了家庭医疗支出的增加,另一方面使人们丧失了人力资本投资的能力和改善自身境遇的机会,给家庭的收入获取能力造成负面冲击,这两方面的原因是疾病成为家庭陷入贫困的重要原因。虽然人口的健康素质对经济的影响没有文化心理素质的影响那么直接,但现实因健康状况不佳而导致贫困或因病返贫的现象并不鲜见。据对三峡库区15区县的调查,“因病致贫”者占贫困户比例高达55%。生活在贫困山区,原本就不富裕,一旦患上疾病,往往不堪医疗费用的支出,富的变穷,穷的潦倒。甚至一些人因病因伤致残丧失劳动能力之后,连自我救助的机会都没有,更不用说脱贫致富。在奉节县调查发现,有20.8%的人因贫困看不起门诊,15.6%的人因贫困不能住院。人口的健康恶化,特别是劳动力的病痛生成,不仅减少了劳动收入,增加了费用支出,而且病残后极可能无法再就业而没有了收入来源,从而加重家庭乃至社会的抚养负担。

因病致贫与因贫致病互为因果,特别是在贫困地区,因环境恶劣、缺医少药等原因,使得一些疾病得不到及时救治,病残比例相对较高。据不完全统计,三峡库区仅是痴呆、残、盲等低素质人口就占农业总人口的2%。这部分丧失劳动能力的特困人口,全靠政府扶贫救济,年年扶贫年年贫。贫困导致营养不足、发育不良,也影响通婚圈的地域半径和人口生育优化。人们因为贫困,长期与外界隔绝,婚配无法做到随机,只好在小地域内进行。据在库区调查的统计资料分析,71.2%的农民择偶范围不出县,50.25%的不出乡,19.7%的不出村,绝大多数农民的通婚圈不超过18千米。

为实证人口的健康存量与经济发展的效应,人口健康素质的高低与脱贫致富的关联,我们曾选择三峡库区的残疾人作为调研实体对象。统计结果显示:在三峡库区,残疾人比例农村高于城市,贫困地区高于富裕地区。万州、开县、武隆经济相对发达地区,残疾率分别为5.57%、3.62%和5 %;在巫山、巫溪、石柱等部分不发达地区,残疾率分别为6.13%、4.6%和5.09%。三峡库区残疾人口的地理分布表现出残疾和贫困的高度相关性。在贫困山区的户营经济环境里,人口的健康存量下降到一定临界会直接减少户营经济的劳动力供应与劳动生产效率,在很大程度上妨碍着农户家庭的脱贫致富。这里需要指出的是,只要不影响对劳动过程的实际参与,健康素质差并非是脱贫致富不可逾越的约束条件,一些残疾人口的努力致富就是最好的说明。但有一点可以肯定,对大多数健康存量低至影响劳动参与率的劳动力人口来说，身体素质越差，则脱贫的难度越大，贫困的程度越深。相反，健康素质好不一定就能脱贫致富，只有健康素质差到一定程度以至于影响了对劳动和生活的参与，才会明显地成为脱贫致富的阻力。

在三峡库区，致贫机制是复杂的，导致贫困的因素也很多，但低健康素质与脱贫致富程度之间存有明显的相关性。首先，病残会直接导致健康素质下降，在没有康复可能的情形下，对劳动适龄人口可能会丧失部分或全部劳动能力，减少劳动的投入量和参与率，继而降低劳动的生产率和实际产出，表现出低收入→营养不足→健康素质更差的恶果。如果病残人口是少年儿童人口，有可能丧失受教育机会。一旦长大进入就业队伍，同样面临低劳动参与，甚至成为完全被扶养的人口而沦为贫困人口。其次，健康素质下降会增加医疗保健的支出，高额的医疗费用对低收入农户来说存在巨大的致贫风险。加之病人的照看增大了户营经济的机会成本，也从而加大了脱贫致富的难度。

总之，健康存量越少，身体素质越差，往往贫困越深，致富越难。但健康素质的提高不一定就能脱贫致富，良好的健康素质和脱贫致富之间不存在必然的联系。健康素质只是经济活动主体必备的自然物质基础，却不是决定脱贫致富程度的关键性变量。

7.1.2　文化素质与脱贫致富

人口素质主要涉及人口的性别、年龄结构、受教育程度、职业结构、国家政策等各个方面，是一种综合的素质构成。人口素质的构成是复杂的、多样的，不同层面的人口素质，对脱贫致富的影响方式、程度及效果也有很大差别。同时，引起贫困的原因也是多样的、复杂的，人口贫困的表现形式也是多种多样的。许多论著也在一再坚持和强调，人口贫困除物质上的贫困以外，其在文化及精神上的贫困也是不容忽视的。结合现实不难发现，在一些贫困、落后的地区，人口的文化素质是普遍偏低的。贫穷、落后既是文化素质偏低的原因，同时也是文化素质偏低的结果，二者相互影响、相互制约。也就是说，人口的文化素质越低下，其经济发展的活动能力就会越低，经济发展就会相对缓慢，人口就会相对贫困，甚至可能会引发绝对贫困现象，脱贫致富的步伐也就会越慢。简而言之，文化素质偏低不仅制约经济发展，导致人口物质贫困，还会导致文化贫困、精神贫困，也会对脱贫致富产生一定的阻碍作用。

所谓文化贫困，是指低文化素质所产生的一种特殊贫困问题，主要表现在某一地区的社会人文面貌落后与匮乏这一层面。诸如社会保障工作、医疗卫生条件、文化教育程度、思想道德水平、社会风气状况、文化生活方式落后,价值观念的缺失,信仰的迷失以及精神空虚等。文化贫困主要着眼于素质层面。上面提到衡量一个国家或地区的文化素质水平的指标,即受过高等教育的人口占总人口的比重、高校大学生占总人口的比重、大中专技术人员占总人口的比重、科研人员比重、辍学率、文盲率、就学率等。文化贫困的主体是部分个体或是集体的,主体既可以是个体、社会,也可以达到整个国家;既可以是物质生活贫困者,也可以是物质生活富裕者,与物质生活水平的高低没有必然联系。对于某一地区文化贫困的测度可以采用此指标,也可以采取以全国平均文盲率水平作为标准,或者平均受教育程度指标来测试。凡是低于全国平均文盲率水平或平均受教育程度的人口,都可视为文化贫困人口。

所谓精神贫困,是指心理素质虚弱所产生的一种心态贫困,实质上精神贫困可以归于文化贫困,精神贫困是文化贫困在精神、心理层面的贫困重要表现形式,有必要对精神贫困进行详细阐述。精神贫困的具体表现主要包括以下几个方面:听天由命的人生观、得过且过的生活观、重农抑商的生产观、好逸恶劳的劳动观、温饱第一的消费观、有饭同吃的分配观、崇拜鬼神的文化观、重义轻利的伦理观、终守故土的乡土观、多子多福的生育观等。虽然说物资生活水平的高低与精神贫困与否之间没有必然的联系,但是在现在一个物质生活没有达到极大丰富的现实条件下,人们的精神追求在很大程度上会受到物质生活条件的影响及制约。在三峡库区的实践调查中发现,在物质贫困背景下常常伴随有精神贫困现象的产生。通过对 100 户贫困农户的抽样调查发现,其中样本中有 21 户主张“只要吃饱穿暖日子好过,不需要赚太多的钱”;有 34 户认为“没有技术,还是在家干农活好”。即有 21% 的贫困农户持得过且过的生活观、温饱第一的消费观,有 34% 的农户持重农抑商的生产观、终守故土的乡土观。调查表明,三峡库区有相当数量的贫困农户持消极的生活态度,精神贫困现象突出。贫困人口不仅物质上贫困,而且在精神层面思维僵化,缺少外出创业的冲动和风险承受能力,也没有改变贫困的坚决意向和决心。

现代世界经济的发展轨迹表明:物质资源的相对匮乏并不能阻止一个区域由落后转向发达,但如果高素质人力资源匮乏,那么,即便是有丰富的物质资源也是难以实现持续稳定发展的。高素质人力资源是促进经济发展、脱贫致富的重要力量源泉。统计表明,在世界经济发达国家的经济增长里程中，科技进步的贡献份额已由 20 世纪初期的 5% ~20%，增加到七八十年代的 60% ~80%，目前科技进步的贡献率还在增长。而科技进步在当下中国经济增长中的贡献份额保持在 45% 左右，在西部一些不发达地区则呈现更低状态，预计到 2020 年科技进步的贡献率能达到 60% 以上①。这意味着教育和科技之于经济发展的正向效应在中国一些落后地区还远远没有发挥出来，抑或可以说文化贫困在相当程度上构成了区域经济增长的障碍。

三峡库区经济发展水平落后的背后有着深刻的人口文化素质根源。在经济发展指数（社会劳动生产率、人均国民生产总值、人均农业总产值、人均国民收入）、生活质量指数（恩格尔系数和文化投资系数）和文化素质指数（平均受教育年限、文盲半文盲人口比例）的对应分析下，三者之间存在着明显的关联性，即文化素质指数越低，生活质量指数及经济发展指数越低。另因非农产业发展程度的不一致，库区边远县域人均国民生产总值的差距与人均农业总产值的差距十分接近，使得库区核心（万州、开县、云阳）和库区边缘区域之间人均国民生产总值的地区差异要大于人均农业总产值的地区差异，这在一定程度上表明今天耕地的经济价值可以通过非农产业的发展实现高附加值的替代或补偿。

基于教育的历史视野，库区城乡区域的人口文化素质客观上存在较大差距，但随着经济社会发展的需求及基础教育的普及重视，区域间的文化素质差距正在缩小。若假定文化素质的确是经济增长的关键性变量，人口文化素质潜能能有效地转化为现实的生产力，那么，人们所担心的发达地区与不发达地区发展差距的拉大就并非不可克服。从三峡库区户营经济角度看，文化素质的高低对脱贫致富确实有着较直接的影响。文盲、半文盲人口一般总是与体力劳动方式相联系，即使向非农产业转移，也摆脱不了体力劳动的束缚。反之，那些较高文化素质的人口，可供选择的就业机会相对较多，致富的门路较广，从事的劳动方式较为复杂，特别是对市场的适应力、判断力和竞争力也往往较高，通过对商品经济活动的介入，基本能对脱贫致富预期有一个判断。

文化贫困、精神贫困作为脱贫致富不可忽视的非经济障碍，越来越被更多的人所接受。从某种程度上讲，安贫认命、不求进取的心理贫困比低收入贫困本身更为可怕。在经济社会飞速发展的今天，若贫困人口仍固守一些落后的传统观念与价值取向，不摈弃“求、靠、等、要”的思想

① 周绍森，胡德龙. 科技进步对经济增长贡献率研究[J]，中国软科学，2010(2)：34-40.

与认识，不增强自身的“造血”功能，即使年年扶贫，仍会贫困依旧。恩格斯说得好，“传统是一种巨大的阻力，是历史的惰性力”。治穷先治愚，扶贫先扶志，富民先育民。只有着力提高人口的科学文化素质，培育积极向上的进取心态，才能形成贫困地区经济发展最为重要的动力机制。

7.2 三峡库区人口受教育现状与人力资源特征

人力资源是一切资源中最重要的资源，是经济增长的主要源泉和决定性因素，是一定区域乃至世界经济增长的持久动力。具体而言，人力资源是指能够推动国民经济和社会发展的，具有智力劳动和体力劳动能力的人们的总和，它包括数量和质量两个方面。而人力资源质量主要反映在人力资源的知识、技能、体质及人才结构等方面，其中人口的所受教育程度是衡量人力资源质量的主要指标。人口贫困或者地区贫困很大程度上受制于人力资源开发与质量状态。三峡库区的贫穷落后与人力资源的开发密切相关，人口贫困的关键在于自身的低质量特征。根据全国人口普查资料和调研数据，选取人口受教育水平、人口健康状况、各类人才拥有量三个参照指标，对重庆库区的15个区县作出描述性分析。

7.2.1 三峡库区人口受教育现状

1. 人口受教育水平较低

据2010年第六次全国人口普查资料显示，三峡库区总人口为12 880 370人。其中，三峡库区15个区县15岁及以上人口为10 584 779人，而文盲人口为582 193人，占5.5%，均高于重庆市和全国水平，分别高出1.2个百分点和1.42个百分点。从每10万人中拥有各种受教育程度人口的数量及比例来看，高中以上学历的人口比例，三峡库区比全国高，比重庆市低；初中以下学历的人口比例，三峡库区远高于全国和重庆市的平均水平。具体情况为，大专及以上人口比例：全国为6.2%，而三峡库区则为6.35%，稍微比全国水平高，但远远低于重庆市8.48%的水平；高中及中专人口比例：全国为13.71%，重庆市为13.21%，而三峡库区为12.0%；初中及以下学历人口：全国为64.09%，重庆市为66.77%，三峡库区为75.0%。这说明三峡库区人口主要以初中及以下学历为主，受教育水平普遍较低，总体文化素质较差。

另外，学校教育是一种消费性投资，是人力资本形成的主要形式，也是人力资源开发的主要途径。根据一些学者对发展中国家的各级教育的投入和社会收益率的研究表明，在经济欠发达地区基础教育和初级职业教育的收益率是相当高的，在落后地区劳动者每多受一年的基础教育和职业教育的边际产出是相当可观的。三峡库区的基础教育和职业教育整体发展水平低，教育功效不高。（表 7.1、表 7.2）

表 7.1　2010 年三峡库区及库区 15 区县普通中小学教育情况表

地区	学校数	中学	专任教师数	中学专任教师数	在校学生数	中学在校学生数	教师平均负担学生数	校均学生数
重庆	11 184	1 273	291 040	109 303	5 588 474	1 908 158	19	500
重庆库区	5 341	584	125 901	48 672	2 565 003	883 670	20	480
万州	445	60	14 720	5 422	305 088	104 912	21	686
丰都	299	45	6 064	2 596	132 515	47 467	22	443
武隆	133	12	3 565	1 292	64 925	23 986	18	488
忠县	327	30	6 525	3 059	132 381	54 787	20	405
开县	709	59	12 555	5 308	274 526	104 258	22	387
云阳	537	56	8 839	3 870	217 416	92 495	25	405
奉节	521	34	7 677	3 272	176 752	70 867	23	339
巫山	296	20	5 000	2 181	108 111	39 094	22	365
巫溪	247	19	4 716	1 823	73 999	30 841	16	300
石柱	250	21	4 941	1 807	97 172	36 972	20	389
渝北	344	46	10 744	3 806	174 173	52 884	16	506
巴南	205	43	7 875	2 714	139 059	41 864	18	678
涪陵	314	57	10 795	4 252	191 151	69 074	18	609
长寿	172	28	6 719	3 041	112 909	46 759	17	656
江津	558	54	10 741	4 229	207 086	67 410	19	371

资料来源：《重庆市统计年鉴》(2011 年)，中国统计出版社，三峡库区各区县统计局。

表 7.2　2011 年三峡库区及库区 15 区县普通中小学教育情况表

地区	学校数	中学	专任教师数	中学专任教师数	在校学生数	中学在校学生数	教师平均负担学生数	校均学生数
重庆	10 884	1 259	296 927	110 951	5 646 189	1 838 917	19	519
重庆库区	5 246	571	123 730	49 183	2 412 388	850 847	18	424

续表

地区	学校数	中学	专任教师数	中学专任教师数	在校学生数	中学在校学生数	教师平均负担学生数	校均学生数
万州	446	60	14 812	5 445	301 565	103 378	20	676
丰都	271	42	6 128	2 696	132 651	46 037	22	489
武隆	134	12	3 457	1 246	64 649	23 167	19	482
忠县	339	30	6 471	2 912	135 311	52 436	21	399
开县	798	60	13 095	5 510	269 579	100 449	21	338
云阳	443	55	8 954	3 790	207 980	88 558	23	469
奉节	377	34	7 574	3 248	170 404	66 367	22	452
巫山	294	20	5 064	2 245	108 229	38 305	21	368
巫溪	255	19	4 895	1 913	74 655	29 590	15	293
石柱	261	21	5 079	1 903	93 712	35 205	18	359
渝北	361	47	11 352	3 852	186 212	53 794	16	516
巴南	211	39	8 119	2 831	141 320	39 861	17	670
涪陵	322	55	10 705	4 155	196 210	64 707	18	609
长寿	140	28	6 744	3 142	111 409	43 544	17	796
江津	594	49	11 281	4 295	218 502	65 449	19	368

资料来源:《重庆市统计年鉴》(2012 年),中国统计出版社,三峡库区各区县统计局。

根据表 7.1 和表 7.2,从学校数、教职工数和在校学生数三个总量指标看,三峡库区这三个指标均占重庆市 40% 以上。另外从中学的指标来看,三峡库区学校数、教职工数和在校学生数达到或即将达到重庆市的 45%,而 2006 年库区学校数、教职工数和在校学生数却不到重庆市的 30%,这说明通过近五年的发展三峡库区的教育发展程度有了较大提高,但对于三峡库区各区县来说,库区的中学教育水平与重庆市仍有差距,有待进一步提高。从教师平均负担学生数来看,2010 年三峡库区为 20 人,重庆市为 19 人;2011 年三峡库区为 18 人,重庆市为 19 人。这与 2006 年三峡库区教师平均负担学生数的 26 人相比有了较大提升。从 2010 年和 2011 年的对比中,可以看出 2011 年库区教师平均负担学生数低于 2010 年教师平均负担学生数,这说明库区在积极引进新的师资力量,加大对教育的投入力度。但其中云阳、奉节、丰都的平均每个专任教师负担学生数依然较多,分别达到了 23、22 和 22 人,这几个地方的教育水平还较低,投入程度也有待提升。

三峡库区各区县职业高中发展出现停滞不前,部分区县都呈现不同程度的萎缩的趋势,职业高中对这些区县的学生和学生家长没有多大吸引力。造成这种状况的原因在于当地农民认为孩子没有升大学的可能性就不愿意继续对子女的教育投资。其次,农村职业教育以传授农业知识和技术为主,但当地农民不愿子女学习后又回去种田,结果本应大受欢迎且投资回报率很高的职业教育却门可罗雀。

2. 高素质人才奇缺

三峡库区不仅严重缺乏专业技术人才、企业经营管理人才,而且欠缺劳动生产一线中的实用技术人才。总的来说,高素质人才奇缺现象非常明显。据不完全统计,2011 年,三峡库区主要的 10 个区县共有专业技术人员 24 765 人,占该区域内职业总人口数的 4.02%,远低于重庆市 6.54%的平均水平,且 80%以上专业技术人员集中在县以上城市,农村基层专业技术人员不到 15%,严重影响库区贫困县技术创新能力提升。而在专业技术人员中,高级技术人员数量较少,而且绝大部分均是几十年一贯的长线专业,不能适应市场变化的趋势。对那些市场需求大、创附加值高的高新技术产业人才更是寥寥无几。

在库区经济相对较为发达的重庆市涪陵区,据统计:该区现有中专以上学历或初级以上职称人员仅占全区总人口的 4.57%,与发达地区相比,还存在较大差距;技术工种从业人员参加过职业技能培训,并取得国家职业资格证书的人数只有 19 565 人,仅占全区技术工种从业人员的 6.5%,其中高技能人才仅占 1.68%,低于全市 2.3%和全国 3.5%的平均水平,更不用说库区其他较落后的县域。可见,虽然近年来三峡库区的人才数量有所增加,但是与发达地区相比,不仅人才拥有总量很少,而且高层次、高技能人才严重短缺,存在人才结构不合理现象。

7.2.2 三峡库区人力资源特征

人力资源的一般特征,一是具有智力性。这是它与其他自然资源最主要的区别,它是一种“活”的资源,通过学习、培训、操练等形式,能够使资源的质量大为提高。二是具有能动性。人能够有目的地行动,有目的地改造外部物质世界。三是具有再生性。人力资源的能量可以取之不尽,用之不竭,可以进行多次开发,能够自我补偿、自我更新、自我丰富、持续开发。四是具有社会性。人力资源处于特定的社会和时代中,不同的社会形态,不同的文化背景都会反映和影响人的价值观念、行为方式、思维方法。针对三峡库区来说，其人力资源除了表现出上述四个一般特征外，也呈现出以下具体的特征。把握三峡库区人力资源的具体特征，有助于盘活三峡库区人力资源的存量，为人口脱贫，实现区域可持续发展提供重要条件。

1. 三峡库区人力资源的数量特征

作为一种资源，人力资源同样也具有量的规定性。三峡库区人力资源的数量呈现出以下特征：

(1)人口总量大，人口自然增长率较高。三峡(重庆)库区人口总量较大，库区人口几乎占到重庆市人口总量的一半。据2012年重庆市统计年鉴，三峡库区户籍人口达1 532.26万，占重庆市户籍总人口3 329.81万的46%。同时，贫困人口占总人口的比重也较大。截至2011年底，库区贫困县人口总量为877.51万，占库区总人口的57.27%。比2005年增长了37.89万，增长率为4.32%。另一方面，据2006—2011年相关统计数据分析(表7.3)，库区几县的人口自然增长率明显高于重庆市整体水平。2011年石柱县人口自然增长率达到12.51‰，几乎接近重庆市整体水平的两倍。

表7.3　2006—2011年三峡库区贫困县人口自然增长率/‰

县　区	2006年	2007年	2008年	2009年	2010年	2011年
万州	4.52	6.64	-0.21	1.64	2.2	5.5
丰都	16.58	13.02	8.07	-0.2	26.51	1.68
开县	11.28	12.82	6.53	11.48	14.03	9
云阳	16.12	13.16	10.12	4.66	-0.45	7.42
奉节	6.78	11.13	7.16	13.15	-2.93	10.5
巫山	9.5	11.26	11.86	9.96	6.82	11.31
巫溪	8.36	9.72	12.71	2.25	2.99	8.46
石柱	9.43	7.89	6.22	10.86	7.23	12.51
武隆	8.96	10.25	5.52	1.61	8.99	4.21
沙坪坝	1.47	3.07	3.09	7.32	1.03	4.46
重庆市	6.81	8.73	5.76	4.5	7.25	6.54

资料来源：根据《重庆统计年鉴2007—2012》相关数据整理。

(2)人口密度高，但人口分布不均。2011年三峡库区的人口密度为349人/平方千米，重庆市为406人/平方千米，而全国仅为143人/平方千米，库区人口密度远远高于全国水平。(表7.4)其中4个区县人口超过百万，人口最多的万州区达到 174.56 万人，而最少的武隆县却只有 41.32 万人。

表 7.4　库区贫困县人口数量变化情况/万人

县区	人口数量			2011 年人口密度		
	2005 年	2011 年	人口增长率/%	人口数/万人	地理面积/km^2	人口密度/(人·km^{-2})
万州区	170.70	174.56	2.21	174.56	3 457	505
丰都县	79.55	84.21	5.53	84.21	2 896	291
开 县	154.41	164.74	6.27	164.74	3 959	416
云阳县	129.62	134.29	3.48	134.29	3 634	370
奉节县	101.32	106.26	4.65	106.26	4 087	260
巫山县	59.79	63.76	6.23	63.76	2 958	216
巫溪县	52.22	53.92	3.15	53.92	4 030	134
石柱县	51.91	54.45	4.66	54.45	3 013	181
武隆县	40.10	41.32	2.95	41.32	2 872	144
库区贫困县	839.62	877.51	4.32	877.51	30 906	284
库区总体	1 455.83	1 532.26	4.99	1 532.26	43 946	349
重庆市	3 169.16	3 329.81	4.82	3 329.81	82 000	406
全国	130 756	137 054	4.60	137 054	9 600 000	143

资料来源：根据《重庆统计年鉴 2012》《重庆统计年鉴 2006》《中国统计年鉴 2006》数据整理计算所得。

同时，从相关调查数据来分析，库区各贫困区县间人口分布呈现不均的特点。以 2011 年为例，经济社会发展相对较好的万州区、开县及云阳县的人口密度相对较高，分别达到 505 人/平方千米、416 人/平方千米和 370 人/平方千米；而经济发展相对欠缺的巫溪、武隆县人口密度仅为 134 人/平方千米和 144 人/平方千米，远远低于库区总体水平和重庆市水平，这与库区复杂的地理形势及资源分布紧密相关。

（3）社会就业人员占总人口比例较小。社会就业人员能在一定程度上反映劳动适龄人口的数量，但不包括潜在人力资源的数量。它是指从事一定社会劳动并取得劳动报酬或经营收入的人员，包括在岗职工、再就业的离退休人员、私营业主、个体户主、私营和个体就业人员、乡镇企业就业人员、农村就业人员、其他就业人员（包括民办教师、宗教职业者、现役军人等)①,该指标用来衡量一定时期内全部劳动力资源的实际利用情况,即人力资源利用现状。

从库区各贫困县历年就业人员数量来看(表 7.5),除万州区以外其他各贫困县就业人员总数整体呈减少趋势,同时库区贫困县就业人数占总人口比例远低于重庆市平均水平。以 2008 年为例,就业人员总数占人口比例达到重庆市平均水平(50.6%)的区县仅有两个,万州和武隆,分别为 50.2% 和 61.0%,其他贫困区县均不同程度低于重庆市平均水平。进一步分析,各贫困县内部之间,在该指标上差异也比较明显,以 2008 年为例,最高的武隆县为 61.0%,而较低的巫山和丰都仅为 38.5% 和 32.5%。(2008 年之后因统计途径发生变化,故本文列举为 2008 年之前的数据。)

表 7.5　2006—2008 年库区贫困县社会就业人员总数及占人口比例/万人/%

	2006		2007		2008	
县区	就业总人数	占人口比例	就业总人数	占人口比例	就业总人数	占人口比例
万州区	84.96	49.5	86.06	49.8	86.65	50.2
丰都县	26.19	32.4	27.22	33.3	26.82	32.5
武隆县	25.58	63.2	26.56	65.0	25.01	61.0
开　县	55.30	35.4	57.60	36.4	61.40	38.4
云阳县	54.73	41.9	54.77	41.4	54.75	41.0
奉节县	45.75	44.5	46.31	44.5	45.85	43.8
巫山县	24.02	39.5	24.06	39.1	24.01	38.5
巫溪县	24.99	47.6	25.18	47.5	23.70	44.3
石柱县	24.97	47.6	24.75	46.7	24.93	46.7
重庆市	1 605	50.2	1 620	50.1	1 646	50.6

资料来源:根据《重庆统计年鉴:2007—2009》相关统计数据整理计算。

2. 三峡库区人力资源的质量特征

人力资源是人所具有的脑力和体力的总和。因此,劳动者的素质就直接决定了人力资源的质量,三峡库区人力资源的质量呈现出以下特征。

(1)人口知识水平有限,受教育程度普遍偏低。近年来,库区贫困县整体教育学校数和在校学生总数呈下降趋势。至 2011 年年底,学校总数由 2006 年的 3 965 所减少为 3 279 所,在校学生总数由 2006 年的

① 重庆市统计局.重庆统计年鉴 2009[M].北京:中国统计出版社,2009.

153.4 万降至 142.3 万,减少 7.23%。2010 年重庆市第六次全国人口普查数据显示,重庆市文盲人口(15 岁及以上不识字的人)为 123.90 万,文盲率为 4.30%。而库区贫困县中,石柱县文盲人口(15 岁及以上不识字的人)为 28 802 人,文盲率为 6.94%;巫溪县文盲人口(15 岁及以上不识字的人)为35 287人,文盲率为 8.52%,明显高于重庆市整体水平。而在开县常住人口统计中,具有大学(指大专及以上)程度的32 274人,占 2.78%;具有高中(含中专)程度的102 962人,占 8.87%。(表 7.6)

表 7.6　库区贫困县(9 个)教育事业发展状况

	学校数/所			在校学生总数/万人		
年份	学校总数	普通中学	小学	在校学生总数	普通中学	小学
2006	3 965	346	3 025	153.4	51.3	80.3
2007	3 871	357	2 947	151.4	52.4	75.4
2008	3 886	341	2 814	152.8	54.5	70.6
2009	3 693	330	2 686	146.6	54.7	64.0
2010	3 437	326	2 216	145.1	55.1	60.9
2011	3 279	323	2 135	142.3	53.1	57.7

资料来源:根据《重庆市统计年鉴 2007—2012》数据整理计算。

课题组曾于 2010 年 7 月和 2011 年 8 月两次到三峡库区的几个区县调研,发放问卷 720 份,回收问卷 651 份,回收率为 90.42%。其中有效问卷为 632 份,有效率为 97.08%。根据调查结果发现,人口的受教育情况主要表现在以下两个方面:一是在文化程度上,未上过学或小学未毕业的占 24.42%,小学毕业的占 36.76%;初中未毕业的占 17.85%,初中毕业的占 12.77%;高中未毕业的占 4.78%,高中毕业的占 2.56%;大专及以上文化程度的占 0.86%。这些数据表明,三峡库区人口的文化程度主要是小学和初中文化程度,高中以上文化程度的人较少,同时,文盲和半文盲还占有一定比例。二是在库区人口的培训上,有 38.65% 的人参加过当地政府组织的教育培训,平均每人次培训时间为 7.89 天。培训内容包括扫盲、农业科技、就业技能、法制教育等。从培训的效果看,75.3% 接受过培训的人认为,培训对就业选择及增加收入"有用"或"非常有用"。这在一定程度上说明库区人口有着较旺盛的教育需求,人口教育有着较广阔的市场前景。但也从问卷中发现,有 83% 的人将实用技术培训列在首位,愿意接受扫盲和普通文化知识教育的人占 8.8%,反映了库区人口迫切希望受到实用技术培训,而对单纯的一般普通文化知识教育持消极态度。

(2)人口体质水平有限,人力资源健康存量不足。库区贫困县自然资源供给有限,人均收入低,对于油脂类、肉食及其制品、蛋及其制品、奶及其制品、水果、蔬菜的平均消费量明显低于重庆市整体水平,库区人口营养状况不良。

同时,库区贫困县医疗设施落后,配置简单。以2007—2011年为例,卫生机构数、卫生机构床位数及卫生技术人员数增速缓慢,供给远远小于需求。(图7.1)

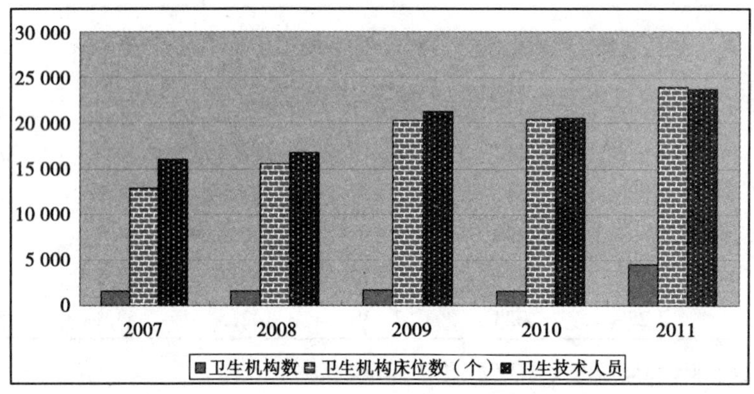

图7.1 库区贫困县(9个)医疗卫生发展状况

就医疗卫生服务的人均占有量而言,每万人拥有卫生技术人员数2011年为24.4人,相比重庆市2011年的平均水平29.67来说,仍然有一定的差距。(表7.7)同时,相当一部分库区贫困县的农村地区没有卫生院和敬老院,部分乡村甚至没有合格的乡村医生。库区贫困县医疗卫生水平发展滞后,在一定程度上也影响了人力资源身体素质和进一步深度开发,库区人力资源健康存量亟待增加。

表7.7 2007—2011贫困县医疗卫生发展状况

年 份	卫生机构(个/万人)	卫生机构床位数(张/万人)	卫生技术人员(人/万人)
2007	1.8	15.1	18.7
2008	1.8	18.7	19.5
2009	1.9	23.3	24.4
2010	1.9	23.4	23.5
2011	5.1	27.7	27.0
2011(重庆市)	5.3	34.7	36.1

另一方面，三峡库区医疗卫生从业人员素质也参差不齐，医疗服务的利用率低；库区人民的卫生意识、卫生观念较差，卫生习惯不好，以上情况都显示出三峡库区人力资源的健康状况较差。

3. 三峡库区人力资源的结构特征

人力资源结构（年龄、性别、学历、知识等）能够直接影响人力资源的配置效益。三峡库区人力资源的结构呈现出以下特征：

（1）劳动适龄人口有限，人才流失严重。我国现行的劳动年龄规定是：男性16—60岁，女性16—55岁。在劳动年龄上下限之间的人口称为“劳动适龄人口”。小于劳动年龄下限的称为“未成年人口”，大于劳动年龄上限的称为“老年人口”。一般认为后两类人口不具备劳动能力。三峡库区贫困老年人规模大。根据重庆统计年鉴（2012）资料显示，三峡库区15个区县60岁及以上的老年人总数为246.35万，占重庆市60岁及以上的老年人总数583.6万的42.21%。（具体情况编者已在第五章第四节进行了相关阐述）

同时，库区部分移民外迁，必然会伴随人力人才的外流，尤以35岁以下的青年人才流失较为严重，据统计，几乎占到人才流失总量的一半。

另一方面，三峡库区每年有大量的学生考入大学，但毕业后回到库区的不到1/4。据万州区人才交流中心相关负责人介绍（2010年调研），万州每年输出大中专学生3 000多人，而回到万州的仅有520多人，本科生仅70多人，而这其中一部分回到当地办理好就职报到手续后，又到重庆市发达地区和其他发达省市就业，真正留在万州的人很少。云阳县和开县也出现同样的情况。这造成库区劳动适龄人口大量缩减。

（2）知识结构单一，人口城乡结构分布不均。三峡库区多以农业生产，或者是以林业、渔业、畜牧业和采集业为主，库区各贫困县人民多依附于农业或相关产业，农业人口数量大。（表7.8）

表7.8　重点库区各县2007—2011年农业人口数量/万人

年份	涪陵区	丰都县	万州区	忠县	开县	云阳县	奉节县	巫山县
2007	81.83	67.41	123.1	82.89	138.53	114.77	91.24	51.66
2008	80.76	67.39	121.48	82.26	137.16	113.98	90.93	51.3
2009	79.33	66.3	118.22	83.47	139.23	114.43	90.87	52.37
2010	74.24	66.6	117.37	79.81	118.23	112.05	88.26	52.05
2011	68.62	62	97.45	78.11	116.06	99.89	85.31	49.13

同时，重点库区农业人口占重庆市农业总人口比重大，明显超过其

他库区总量。(图 7.2)

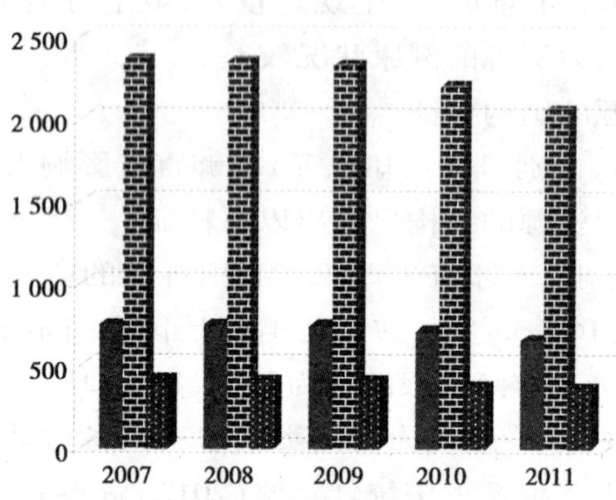

图 7.2　重庆市库区农业人口统计图

(重点库区包括涪陵区、丰都县、万州区、忠县、开县、云阳县、奉节县、巫山县)

另一方面,据表 7.9 相关数据显示,2011 年 9 个贫困县的农业人口所占人口总数比例达到 70.7%,远远超过全国平均水平 48.7%,而农业人口所占比重最小的万州区也达到了 55.8%。

表 7.9　三峡库区贫困县 2011 年城乡人口分布情况/万人

县　区	年末总人口数	非农业人口	农业人口所占比例/%
万州区	174.56	77.11	55.8
丰都县	84.21	22.21	73.6
开县	164.74	48.68	70.5
云阳县	134.29	34.4	74.4
奉节县	106.26	20.95	80.3
巫山县	63.76	14.63	77.1
巫溪县	53.92	11.9	77.9
石柱县	41.32	11.31	72.6
武隆县	54.45	15.73	71.1
贫困县区总体	877.51	256.92	70.7
库区总体	1 532.26	511.74	66.6
重庆市	3 329.81	1 277.64	61.6
全国	134 735	69 079	48.7

资料来源:根据《重庆统计年鉴 2012》相关数据整理计算所得。

正是因为三峡库区农业发展的现状，库区常住人口多以种植和畜牧业作为其生活收入和家庭收入的主要来源，生产技能单一，文化水平普遍偏低，知识结构也比较简单。据统计，库区贫困县81.3%的人没有受过任何形式的职业技术培训，针对农民职业技术培训的机构和学校甚少，与重庆其他地区人口相比，就业竞争力处于劣势地位。库区进行产业结构调整，非农业即综合就业能力亟待提高。

7.3 三峡库区贫困人口教育与开发

三峡库区的人力资源存在着人口数量多，素质低和开发不足的特点，而其中贫困人口作为一个特殊的社会群体，其贫困致因也是多方面的，但根本性的原因还是人口的低素质。虽然国家一直对三峡库区进行政策性的支援帮扶工作，但由于库区人口的文化素质低，就业不充分，部分人口存在着谋生困难，而且贫困的状态还有扩大的趋势。要让库区人口有效地摆脱贫困，除地区经济强劲增长、产业发展带动大量就业需求外，最根本的还是在于自身的人力资源开发。

7.3.1 三峡库区人口教育与就业及家庭收入现状

人力资本理论指出，人力资本的积累是经济增长的重要源泉；教育是使个人收入分配趋于平等的重要因素。人口所受教育程度越高，其文化素质越高，思想越开放，竞争和创新意识越强，越易接受新事物、新观念，把握的就业机会就越多，选择职业的范围就越广，社会适应能力不断增强，很快就能发家致富。因此，人口的教育开发在一定意义上决定着库区人口，包括库区移民的安稳致富问题。

有关人口的受教育情况，前面的数据显示，一是库区人口的文化程度主要是小学和初中文化，高中以上文化的较少，同时，文盲和半文盲还占有一定比例。二是库区人口对教育培训有着旺盛的需求，但对一般的普通文化知识教育持消极态度。在三峡库区的调查发现，不同文化程度和是否参加培训的库区人口，其就业及家庭收入差异较大，表现出较明显的正相关关系。

1. 库区人口文化程度与就业及家庭收入

根据人的文化程度，试将库区人口分成低、中、高三个文化层次段。小学及以下文化程度为低文化段；初中为中文化段；高中及以上为高文化段。从调研的结果看,低文化段的人主要还是从事农业生产,以务农为主的占86.34%;中文化段的人也主要是以务农为主,务农比例占74.72%,但务工及经商的比例明显高于低文化段16个百分点,占37%;高文化段的人主要以务工及经商为主,占81.25%。由此可见,不同文化程度的人在就业分布上存在着明显的差异特征,即文化程度越高,务工及经商的就越多,相应地从事农业生产的就越少。这样不同的就业选择与分布,决定了不同文化程度段人口的收入差距。低文化段人口的收入来源主要是种植业和养殖业等传统农副产品,投入成本大,产业效益低。中文化段的人口的收入虽仍以传统农副产业为主,但务工经商收入明显上升。高文化段的人口主要依靠务工收入。具体情况见表7.10。

表7.10　不同文化程度的库区人口家庭收入构成

库区人口类型	种植业/%	养殖业/%	家庭企业/%	务工/%	经商/%	其他/%
低文化段家庭	53.72	8.37	3.57	25.06	3.27	6.03
中文化段家庭	22.39	4.08	16.08	32.02	11.48	14.01
高文化段家庭	14.29	3.37	6.95	62.47	9.31	3.68

以上数据资料显示说明,库区人口的文化程度对劳动力的就业开拓能力和就业选择能力具有直接的影响,进而通过就业对其家庭经济收入产生间接影响。在三峡库区就业形势比较复杂,农业生产力水平低下,农村教育又严重落后的情况下,人口的文化程度和受教育水平对其经济收入的增长作用是明显的。

2. 库区人口培训与就业及家庭收入

人口的培训是库区人口教育的主要任务之一。通过对库区人口的调查,培训与否对库区人口的就业有着比较明显的影响。表7.11的数据说明,库区人口的培训虽然没有从总体上对就业构成产生较大的影响,但在库区人口的就业素质提高上是可以肯定的。例如,思想观念的转换,商品意识的提高,多种从业能力的增强等,对库区人口收入所起的作用是不可低估的。

表7.11　受培训人口与未受培训人口的就业构成

	以务农为主/%	以务工为主/%	以经商为主/%	以其他职业为主/%
受培训的人口	49.60	34.63	8.41	7.99
未受培训的人口	67.04	21.03	5.80	8.05

另外,从务工的地域分布和行业分布看,库区人口的就业主要表现在:第一,在务工行业的选择上,受过培训的人能在素质要求较高的企事业单位就业;第二,在务工渠道上,受过培训的人更善于通过自己的努力自主就业,较少依赖于亲朋好友的职业介绍;第三,在务工的地域选择上,受过培训的人有更大的选择余地,一般愿意在经济相对发达、交通较为方便的沿海地区或城镇就业。具体情况见表 7.12。

表 7.12　受培训人口与未受培训人口的就业分布

	本地/%	外地/%	城镇/%	农村/%	农业/%	工业/%	建筑业/%	服务业/%
受培训	55.31	42.06	59.28	41.38	26.26	33.16	20.38	22.16
未受培训	75.61	22.05	40.07	56.77	39.12	29.26	53.03	14.08

不同教育背景下的就业结构和就业质量影响着库区人口的经济收入。在收入比较中,是否接受过培训与人口的经济收入也呈正比例关系。接受过培训的人,收入均在 4 000 元左右;没有接受过培训的人,人均收入仅在 2 500 元左右。相比之下,接受过培训的人的收入与未接受过培训的人的收入相差 1 500 元左右。这进一步说明,培训对提高库区人口收入生产技术水平和经营管理能力、更新观念、树立市场意识等起到积极作用,有助于改善人口的家庭收入结构,较大幅度增加家庭的整体收入。而未能接受培训的人由于缺乏技术的引导和支撑,经营意识相对陈旧和落后,在开展家庭多种经营和提高经济效益方面则受到了较大限制。未受过培训的人的收入来源偏重于种植业和务工,两项合计占家庭总收入的 68%;而受过培训的家庭种植业和务工收入比重则降为 55.15%,同时其他各项收入的比重则均有不同程度的提高,注重在服务业、家庭企业等非传统农业生产领域创收发展。

针对库区人口因教育产生的不同收益,随着经济社会的结构转型,库区人口的教育收益率将进一步呈上升趋势。在今后几年的库区,教育将成为库区人口收入水平的重要解释变量;“弱收入人口群体”的教育收益率将大大高于“强收入人口群体”的教育收益率;库区人口的教育收益率将从目前的 4.7% 上升到 9% 左右;库区人口的职业技术教育将进一步增大和扩大。

7.3.2 三峡库区贫困人口的教育开发建议

三峡库区的贫穷落后从根本上说是人的素质相对较低。因此,要使库区得到发展,库区各区县应加大对库区人口教育开发的力度。而库区的现实情况是贫困人口多,这使得对教育路径的自我开发和家庭开发都受到很大的限制,对三峡贫困人口的教育开发主要还是依靠政府以及社会各方力量来实施。只有全方位提高库区的人口素质,才可能为库区经济社会发展提供富足的人力资源保证和持续强大的动力。

1. 明确教育优先地位,落实科教扶贫战略

因缺乏正常的教育以及未能享受良好的教育资源,三峡库区部分贫困人口劳动力的整体素质偏低。因此,库区各级政府应确立教育优先地位,把发展教育和科技放在扶贫第一位。在制订教育发展规划时,应进一步理顺政府、社会、学校的关系,优化库区内各级各层次教育的结构比例、空间布局、资源配置、规模速度等,实现库区贫困区域优势互补、公平配置资源,保障贫困人口教育权利。三峡库区要摆脱贫困,需积极发展科技扶贫,强化库区农业科技的实用性转化。不仅深入库区贫困乡村开展农业科技示范和科技下乡活动,帮助贫困农民熟练掌握先进使用技术,大力推广立体生态农业模式;而且推广普及动植物良种,高效栽培与养殖,提高科学种田与养畜水平,改变粗放经营、靠天吃饭的落后状况,发挥科学技术脱贫致富的作用。"治贫先治愚""致富先学习"是西部贫困地区脱贫致富的成功经验,三峡库区正在作出努力探索。

2. 提高贫困人口思想认识,树立教育改变贫困观念

伴随高校扩招,特别是就业形势的逐步严峻,导致许多贫困家庭趋向于让子女辍学打工赚钱,这在一定程度上动摇了贫困家庭对于教育改变贫困的思想认识,这种短视的行为往往使得很多贫困家庭更陷于长期贫困的深渊。对于教育改变贫困的不信任在三峡库区边远山村以及贫困家庭中表现得比较突出。为扭转这一局面,库区各级政府一方面需加强受教育权利和义务的宣传,落实好基础教育政策,让教育改变贫困、教育改变命运的观念真正深入人心,提高广大贫困人口"再穷不能穷子女"的思想认识;另一方面需出台积极的大中学生就业创业跟踪政策措施,切实解决大中专毕业生的就业问题,尤其是贫困大学生的就业问题,真正实现教育改变贫困。

3. 拓展教育资金来源,设立贫困人口专项教育基金

教育的投资是人力资本投资中最主要的,也是最基本的部分。教育

投资不仅可改进人口质量，变人力资源为人力资本，还可获得未来最佳效益。加大教育投入，资金来源是关键。当前，三峡库区的教育资金来源依然主要依靠财政资金，资金来源渠道过于单一。因此，需要扩大资金来源，形成以财政性投入为主体，非财政性投入为补充的教育资金筹措机制。一是确保库区教育财政性投入与经济发展规模和 GDP 总量相匹配，使得投入到教育领域的财政资金逐年稳定增长；二是鼓励企业到库区投资办学以及校企联合办学；三是鼓励社会捐助。在加大教育投入，提高三峡库区整体教育水平的同时，尤其要关注三峡库区广大贫困人口的受教育问题，可以通过建立贫困人口教育专项基金，做到对三峡库区贫困人口受教育的重点帮扶。为实现贫困人口教育基金的专款专用，三峡库区的各级政府应切实做好调查，确保受救助的家庭为真正的贫困家庭，并按时按量发放教育救助金，同时做好后续监督，确保教育救助金被家庭用于子女的教育支出。

4. 优化教育结构，加大贫困人口技能培训

首先，采取“低重心”发展战略，把加强基础教育作为关键性任务，必须扎实推进、巩固九年义务教育，确保适龄儿童入学，减少或克服学生的辍学和留级现象，扫除低文化甚至无文化状态，提升库区未来发展的人力资源能力。其次，重点发展职业教育，提升贫困人口脱贫能力。三峡库区连片贫困地区，发展库区职业教育，一方面要充分利用现有的农村职业中学、乡镇农校、党校、农广校、成人学校、农业技术推广站、科教培训中心、电大等教育资源，组成库区贫困人口培训网络，积极参与贫困人口培训；另一方面从当地经济发展的实际需要出发，加强适用技术培训，重点放在先进的种养殖、农产品加工技术、机械专业技能、市场营销及经营管理等方面，把库区办成集生产示范、科学实验、技术推广、就业指导、搬迁输出的多功能成人教育基地。再次，做好做强高等教育。目前库区高等院校办学规模、条件、专业设置及人才培养等均难以满足库区经济社会发展的需要。要着力发展好重庆三峡学院，力争办成有特色的区域综合性大学。并以此为龙头，办好医药高等专科学校、幼教专科学校和三峡职业技术学院等，形成多学科的人才培养体系。

5. 用好对口支援政策，保障贫困人口政策实惠

三峡库区贫困人口的教育开发离不开政策的支持与落实。一方面库区政府在贫困人口的教育支持上需要充分利用国家教育从资金、物资、教学仪器设备和图书资料等方面的对口支援政策，帮助改善办学以及培训条件，提高库区贫困人口教育的受众面。另一方面制定税收、奖

励政策，鼓励支持社会力量参与贫困人口教育开发。制定企业税收优惠政策，引导企业招聘库区贫困人员就业，并对其进行岗位培训，着实提高库区贫困人口的就业率和职业素质。同时，放宽准入条件，鼓励更多的社会人士利用自身的资源组织参与到贫困人口的教育开发中，多途径提升库区贫困人口教育水平。

8 三峡库区可持续发展中的反贫困对策

随着社会生产力的迅猛发展，人类各项活动对环境的影响逐渐增大，人类与环境间的关系以及对人地关系的认识也不断地进步和深化。改革开放以来，虽然中国经济呈高速发展态势，但资源耗竭和环境问题却始料不及。如今可持续发展已经成为世界各国的发展目标与努力方向。我国政府于 1990 年提出将环境保护作为基本国策，1997 年又将节约资源加入到基本国策中，将可持续发展的重要领域以国家政策的形式确定下来，体现出政府层面的高度重视①②。尽管我国资源储量较为丰富，因人口众多，人均资源占有量却非常少，加上区域发展越来越不平衡，人口收入差距逐渐拉大，区域贫困问题凸显。如果继续粗放开发自然资源，区域缺乏有效协调必然导致发展的不可持续。只有资源得到保护，环境持续改善，产业有效协调，区域发展才有后劲，人口收入才有可能增加，区域竞争力才能不断增强。

三峡库区地跨大巴山脉及川东岭谷地带，总面积 7.9 万平方千米。库区地形复杂，物种资源丰富，是我国重要的生态保护区，但贫困特征显著，土地类型多样，环境生存压力巨大，是全国连片的贫困山区和世界上最大的移民开发区，面临着经济发展、人口贫困及生态保护的多重问题。

我国的卫星地理遥感资料显示：生态脆弱的敏感地带与贫困区域分

① 中华人民共和国国务院.《国务院关于进一步加强环境保护工作的决定》,1990.

② 中华人民共和国主席令第七十七号.《中华人民共和国节约能源法》,2007.

布呈高度相关性。三峡库区位于长江上游生态敏感区域内,自然生态环境十分脆弱,环境的人口超载已普遍存在。贫困引致的掠夺式开发对库区脆弱的环境产生着极大影响,逐步恶化的生存环境进一步加深贫困程度,这种密切的相互作用形成的恶性循环已严重威胁到三峡库区可持续发展终极目标的实现。因此,如何在发展经济、摆脱贫困的同时避免造成自然生态环境的持续退化,实现社会经济和自然生态的长远协调发展,就成为三峡库区贫困治理的基石和根本出发点。

8.1 三峡库区可持续发展中的贫困治理

8.1.1 三峡库区可持续发展的贫困治理思路

贫困治理的目的和中心任务是改变贫困人口艰难的生活处境,满足他们的基本生活需求,使其能获得与其他人同等的生存和发展机会。三峡库区作为全国连片的贫困山区之一,历史性贫困与区域贫困交叠,扶贫任务异常艰巨。几十万贫困人口的存在,更是加剧了库区社会经济发展的艰难和风险。移民能否安稳致富,也牵动着海内外的关注,引发各界的高度重视。对于三峡库区这样一个欠发达区域而言,不消除人口贫困,区域就难以持续发展;不有效改善区域基础设施条件,提高人口素质,注重生态环境保护和资源的可持续利用,也不可能从根本上消除贫困。因此,三峡库区可持续发展中的贫困治理必须坚持经济发展反贫困与教育科技反贫困并重的思路。①在经济发展反贫困上,一方面,三峡库区要充分利用国家给予的政策优惠,积极争取外部资源,形成经济发展的外部拉力;另一方面,三峡库区要结合自身的实际情况,构建与其相适应的产业结构体系,形成经济发展的内部推力。鉴于三峡库区所肩负的生态功能,发展循环型区域经济是一种必然选择。②在教育反贫困上,鉴于三峡库区人口贫困十分突出的问题,教育反贫困必须着重从加大对贫困人口的教育投入以及转变对贫困人口的教育方式两方面入手:一方面,加大对贫困人口的教育投入,确保贫困人口能够接受教育;另一方面,转变对贫困人口的教育方式,更加注重贫困人口的专项技能教育,而不仅仅局限于基础知识教育。③在思想观念反贫困上,要帮助贫困人口提高思想认识,切实转变贫困人口“等、靠、要”的思想观念,实现外部救济“输血”与自身奋斗“造血”相结合。

8.1.2 三峡库区可持续发展的脱贫治理路径

三峡库区由于历史、地理、经济等因素影响,发展程度相对滞后,人口贫困相对较重,库区移民贫困、老年人贫困、残疾人贫困等贫困主体不仅数量大而且脱贫进程缓慢。如何实现三峡库区可持续发展中的贫困治理,本文认为库区贫困治理的路径选择应该"坚持一个主导,构建两大体系,划分两大功能区"的发展策略。具体来说:

1. 坚持政府主导

三峡库区贫困治理的关键是统筹发挥政府对经济社会发展的宏观调控作用和市场配置资源的基础性作用;而三峡库区可持续发展中的人口脱贫就是政府通过规划、管理和国民收入分配等宏观调控手段,充分尊重市场规律、利用市场力量来推动库区协调发展,因此,政府推动则成为库区贫困治理的主导力量。库区各级政府应将库区人口脱贫积极纳入经济社会发展总体规划,统筹遵照《三峡后续工作规划》安排,抓好立项实施建设。将库区贫困治理工作纳入各部门工作职责和考核范围,精心组织,行政带动,以人为本,强力推进。同时库区政府必须加大财政资金投入力度,调集人力、物力,有效整合社会资源,促使产业、技术等各个方面配套发展。总之,库区地方政府作为立足于本地的基本情况和总体需求出发的决策主体,其政府主导能力的大小决定了贫困治理工作的方向和程度,政府主导能力的提升有助于新时期贫困治理工作有序有效开展。

2. 构建保障体系和服务体系

(1)建立完善的保障体系。建立完善的保障体系,是充分保证库区可持续发展的重要机制。没有完善的保障机制,整个库区发展政策在推行的过程中就有可能出现推诿、漏洞等不良现象,从而影响整体贫困治理的发展。在完善保障体系方面,要把完善库区社会保障体系、让库区贫困人口生活得幸福而有尊严,放在更加重要的位置。要将库区贫困人口普遍纳入覆盖城乡居民的社会保障体系,并给予重点保障和特殊扶助;要按相关规定落实库区贫困人口相关社会保险补贴,帮助库区贫困人口普遍加入基本养老保险和基本医疗保险;要加快建立库区贫困人口专项社会保障政策措施,形成库区贫困人口社会福利方面的支柱性制度安排;要努力推动库区贫困人口慈善事业大发展,建立鼓励社会力量和民间资本参与支持库区贫困人口脱贫事业的有效机制。具体来说,应建立以下几个方面的保障体系。

①构建库区可持续发展的法律保障。健全的法律法规体系通常是其经济与社会正常运转的重要保障，对于库区发展而言，法律能够约束和规范发展中的各种行为，保护各种主体的利益。改革开放以来，我国社会主义特色法律体系基本形成，这些法律为我国经济社会的发展进步提供了重要保障，也为库区的发展奠定了法律保障条件。但是随着库区的发展，经济与环境的矛盾越显突出，有些法律就显得较为笼统，可操作性不强。因此，建议成立由中央政府牵头，地方及库区政府参与的法律制定协调机构，积极针对库区经济与环境发展中出现的矛盾制定相应的法律法规，完善法律保障机制。比如，在库区经费监督上，应建立法律监督体系。建立库区经费同级人民代表大会审议制度，每年把各级政府经费的预算与决算报告提交同级人民代表大会审议等。

②构建库区可持续发展的制度保障。制度创新的效益是巨大的，新制度经济学认为，在影响贫困地区四个主要要素（资源禀赋、文化禀赋、技术和制度）中，制度是关键要素，对经济增长起决定作用。因此强化制度建设和制度创新，是治理贫困的关键，而且健全有效的制度是保障可持续发展战略顺利实施的关键。制度保障一是创新农村土地制度。专门立法，用法律确定农民对土地的产权关系，赋予农民长期而有保障的土地使用权。完善农地使用权的权能结构，使之拥有包括占有权、收益权、转让权、入股权、抵押权等方面的权益。二是创新金融制度。构建双重多元的库区金融体系。建立以银行业为主导，以保险业、信用担保业、证券经纪业、信托租赁业为补充的业务机构多元化的金融服务体系。三是改革户籍制度和劳动就业制度。进一步打破户籍限制，放宽对农村人口向城镇转移、落户的限制，实行农民和城市居民同等待遇，促进剩余劳动力的合理流动，从而增加库区人口就业机会，提高其收入。四是建立起规范、有效的财政转移支付制度。应提高中央财政对贫困地区财政援助的比重，使财政能力差的贫困地区利用这种转移支付对贫困人口实施救济与开发，并保证本地区社会服务的经常性支出。

③构建库区可持续发展的特殊保障。统筹库区可持续发展，应建立起对特殊群体平等脱贫的保障机制。目前，我国特殊群体主要包括残疾人、未成年人、妇女、老年人、农民工、4050 就业困难人员、少数民族、归侨侨眷、归正人员、艾滋病患者、流浪乞讨人员等。而库区特殊群体主要是指库区残疾人、未成年人、妇女、老年人、4050 就业困难人员、少数民族等群体。库区这些群体相对于主流、强势群体，往往处于弱势地位，需要承受着来自经济、社会、心理等方面的更大压力。对库区特殊群体的特殊

保障应通过立法予以保护，主要是通过法律的规范、引导和利益调整功能，对特殊群体按照差别原则予以特别保护，解决特殊群体在资源分配上的不利地位，侧重改善其经济状况。同时改善其社会参与能力，积极提供就业机会和发展机会，从而实现特殊群体权益的保障和发展促进。

(2)建立完善的服务体系。建立完善的服务体系，是充分保证库区发展的重要基础。在突出服务方面，要将库区贫困人口服务体系作为国家基本公共服务体系的重要组成部分和重点发展领域予以重视和支持；要建立健全以专业机构为骨干、社区为基础、家庭邻里为依托，以公共教育、就业服务、医疗卫生、康复和疾病预防、社会保障、住房保障、文化体育和无障碍建设为主要内容的库区贫困人口基本公共服务体系。公共服务机构要为库区贫困人口提供优先优惠的服务，库区贫困人口专业服务机构要改善条件，完善功能，规范管理，提高服务能力。

①积极构建健全的资金服务体系。优先发展库区贫困人口急需、受益面广、效益好的基本公共服务项目，着重保障库区贫困人口生活、医疗、教育、就业等基本需求，大幅度增加库区贫困人口享受到均等化的基本公共服务供给离不开资金上的支持和帮扶。一是成立重庆市专项库区资助资金，提高库区发展能力。库区政府作为资助资金的主要承担者，其压力越来越大，这就需要引导企业共同出资，建立脱贫资助专项资金。对有创意、前途广、效益好的项目给予资金支持，积极促进库区人口脱贫。二是构建库区多元资本市场，提高融资能力。积极推动库区优秀企业向创业板市场发展，降低门槛，简化程序，支持鼓励具有发展潜力和技术含量高的企业直接进入证券市场并顺利融资。创新信贷服务产品，加大有效信贷投入，给予充分贷款扶持。

②建立高效完善的技术服务体系。库区经济的加快发展，离不开技术服务体系的支撑。在政府主导下建立库区公共技术服务体系平台，以推动平台数量增长和质量提升，扩大平台对区域产业和行业内企业的服务覆盖面，将平台打造成运行规范、公信度高、服务能力强、对产业技术进步具有持久支撑力的服务业。同时需要完善公共技术服务平台的建设标准，在组织形式、管理机构、工作场所、硬件设施、人员配备、服务内容、发展导向等方面确立基本的规范要求，保证平台的有效运转，提升平台的服务能力与功能。

③推进建设健全的信息服务体系。加快信息化建设是推动库区发展的重要支撑。建立库区内重庆市、区(县)二级政府和部门的信息平台，完善数据库，对库区资源状况、人口变化、产业发展等进行动态监测

和管理，及时备案。通过动态监测，及时发布数据与信息，保证信息效益的有效展现。如建立库区移民创业网，积极为创业移民提供各种市场信息，协助创业移民自愿组建或参与专业合作经济组织，提高移民创业的组织化程度。同时鼓励行业协会为创业移民提供产前、产中、产后等各个环节的有偿服务，发挥其在产销对接、技术服务和协调价格上的作用。

3. 推进两大功能区划建设

三峡库区因其独特的自然、社会和经济条件，导致地区经济发展水平、结构和布局的差异性和不平衡性。加快三峡库区人口脱贫必须从实际出发，遵循区域经济发展的空间分布规律，着力寻求和培育库区自身的特色、优势，避免库区内的雷同与整齐划一。因此，遵循区域经济社会发展的演化规律，划分符合库区可持续发展的生态环保区和资源开发区成为有序推进库区经济社会全面协调发展的必然选择。

(1)生态环保区。健全库区生态环境保护体系，对于保护长江流域生态环境，维护长江健康生命，确保三峡工程正常运转有着重要作用。在2010年国务院关于印发全国主体功能区规划的通知中将三峡库区水土保持生态功能区定位为限制进行大规模高强度工业化城镇化开发的重点生态功能区。因此建立库区国家重点生态功能保护区和环境保护区，成为推动库区社会经济可持续发展的一种理想载体与组织形式。库区应坚守以生态环保为中心，依据库区生态资源的地理分布，划定若干市、区级生态环境保护区，统一规划、明确责任，深入实施退耕还林工程和森林防护工程，大力开展库区水土保持工程，真正将库区建成一汪碧水、满目青山的一片绿色净土。

(2)资源开发区。三峡库区的经济发展在坚持生态保护的前提下，需要充分有效地利用库区丰富的自然资源发展库区特色工业。发展特色工业必须遵循比较优势原则，充分挖掘库区的特色与资源优势，建立具有比较优势与较强竞争力的特色产业群。据各方资料显示，三峡库区各类自然资源丰富，具有先天的资源禀赋优势。不论是资源的品种、品质以及数量，都有助于库区经济社会的发展。具体来看，天然气主要集中在云阳县、开县、万州区、忠县、丰都县、长寿区等地区；岩盐主要集中在云阳县、万州区、忠县；水泥灰岩主要集中在丰都县、涪陵区、江津区、渝北区、巴南区等。丰富的矿产资源的分布和水能资源的分布具有高度的吻合性，有利于加强资源综合开发利用，走电矿结合的产业化道路，积极建设水电储备体系，对库区的经济振兴将会起到十分重要的作用。本文建议，库区各区县依据资源优势，应加强合作，促进信息沟通，开发优势资源。

①打造渝东天然气开发基地。渝东天然气产于长寿、丰都、忠县、万州、开县及云阳等地,是我国陆上天然气的主要产区之一,资源总量2.38万亿立方米,远景储量12 000亿立方米,已探明储量3 200亿立方米,列全国陆上及西部10省(区市)第三位。目前探明储量中剩余储量2 000亿立方米。随着西部大开发战略的实施和"西气东送"工程的启动,库区应加强渝东地区天然气的滚动勘查开发,使之成为国家级的天然气生产基地和物资储备基地。

②打造武隆铝开发基地。铝土矿主要分布于南川、武隆等地,已发现矿产地26处,探明矿石储量6 571.28万吨,在全国排第6位,预测资源总量31 290万吨,资源潜力价值巨大,应加大开发利用力度。比如开发铝土矿系列产品,尤其是近年来氧化铝国内紧缺,市场前景较好,可建氧化铝厂缓解我国内需,同时充分利用彭水电站、江口电站的电力资源,大力发展铝电联合,形成库区铝业基地。

③打造万州盐化工开发基地。万州区、忠县及云阳县等地有丰富的岩盐和盐卤资源,已探明储量20亿吨,在全国排第2位,预计远景资源6 000亿吨。钾盐为我国的急缺矿产,是国家近期开发利用的导向矿种,应加大开发利用力度。建议成立以库区现有大型盐化工企业为基础的骨干企业,打造盐化工基地和卤盐储备基地。

④打造水泥原料基地。库区水泥用石灰岩资源丰富,广泛分布于渝北、巴南、江津、涪陵、丰都、合川等区县,探明储量181 274万吨,远景资源达100亿吨以上。目前,应加大水泥用石灰岩及粘土岩等配料的开发、利用、储备力度,抓住西部大开发中三峡工程、库区移民迁建中基础设施建设对水泥市场需求的机遇,以库区骨干企业为依托,扩大生产能力和市场占有率,形成大型水泥原料基地,并逐渐扩展为向大西南乃至长江经济带等市场辐射的矿产品供应基地。

8.2 区域可持续发展中的反贫困对策

目前,我国14个贫困片区的县共有680个,其中国家扶贫开发工作重点县440个,民族自治地方县371个,革命老区县252个,陆地边境县57个,贫困人口还有1.28亿,贫困的大面积存在已成为困扰区域经济社会发展的主要障碍。当前可持续发展战略是人类经济和社会发展的内在要求,区域资源环境是区域经济发展的基础。长期以来,我国区域经济增长很大程度上是建立在对资源、能源的高消耗上,这种传统的发展模式无可避免地造成了环境污染、生态破坏。日益恶化的生态环境已成为影响区域经济可持续发展的制约因素。在环境生态约束下探求区域经济可持续发展对策,已经成为加快经济发展方式转变和实现区域经济又好又快发展的关键问题。

8.2.1 观念更新,树立可持续发展的脱贫致富意识

贫困首先源于观念上的贫困,反贫困应着力于思想的解放,观念的转换,树立开放、积极进取的致富意识。一是加大对贫困区域中脱贫致富典型以及竞争意识的宣传,解开意识深处的疙瘩,使贫困区域人口树立起战胜贫困的信心,摒弃宿命论的观念和"习惯性自弃"的行为。二是传播环保理念,提高生态保护意识。积极发动贫困地区乡镇、村委等地方的宣传部门利用广播、宣传栏、标语等手段广泛地在贫困区内开展生态环境保护的宣传教育,以及环境保护法制的教育,帮助贫困人口矫正"资源近视症",并鼓励和动员群众参与到环境保护中来,改变对资源的掠夺式开发和破坏,降低贫困人口生存发展的环境代价。三是更新观念,引导贫困地区人口树立市场经济意识。我国集中连片分布的贫困区域绝大部分都是分布在山区或高原山区,这些地区区域偏僻,交通阻梗,信息闭塞,人们的文化、思想观念相对落后,商品意识淡薄,市场意识缺失。因此,应引导贫困地区人口形成市场经济条件下必备的商品意识、竞争意识和效益观念,使其脱贫致富具有可持续性。其四,转换思路,以可持续发展观指导贫困区域的反贫困工作。新时期的反贫困工作各级政府必须更新思路,在可持续发展观的指导下,确立城乡一体、利益统筹的反贫困工作思路和区域发展规划。

8.2.2 立法先行,创新区域间发展协调机制

第一,加强区域发展立法。建议在中央政府的主导下制定以"协调""干预""促进"为特征的专门法律①,把我国各区域的开发工作纳入法制化的轨道,积极构建区域协调发展的法律体系,促使各项法律法规和规章要相互协调、有机联系,形成一个完整的体系,为区域开发战略的全面实施提供法律保障。

---

① 王霞,孙中和.美国区域协调发展实践及对我国的启示[J].国际商务,2009(7):35-38.

第二,设立区域发展协调机构。建议在中央政府的引导下由贫困区域地方政府组织成立各方参与的结构松散,但合作紧密的政府间区域发展协调机构,提出统筹发展的思路和制订统一规划方案,破除障碍,确定贫困治理框架和机制,共同行动,加强在基础设施、交通、能源、环境保护和科技创新等各个领域的区域合作,实现优势互补、互利互惠、共同开发优势资源,共同发展有竞争力的优势产业和产品,形成区域经济共同体和区域市场,促进区域共同发展。

8.2.3 发展经济,增加贫困人口收入

解决人口贫困,关键在于增加贫困人口收入。而贫困人口收入的增加,其路径在于发展经济,优化产业;拓展就业,广辟财源。发展是区域脱贫的根本要务,产业是区域脱贫的重要支撑,就业是人口脱贫的重要保障。只有贫困区域的经济得到发展,产业得到优化,才有可能为贫困人口提供较好的物质基础、社会保障和就业选择。

第一,调整优化产业结构,大力发展生态旅游。破解贫困化,需要加快产业结构的调整优化,推动产业升级,合理安排一产五业(农、林、牧、副、渔)比重,提升二、三产业竞争力;积极走新型工业化之路,大力发展低碳经济、劳务经济和生态旅游产业,培育发展横向关联配套、纵向延伸拓展的产业网络,形成与区域资源、市场环境相符合的产业经济格局,有效增加就业机会,转移剩余劳动力,增加人口及区域的收入。

第二,发展区域优势经济,加速开发特优资源。贫困区域应抓住资源优势,在大力发展生态旅游,保护环境的基础上,有效开发地区资源,建成区域优势经济产业集群,形成区域循环发展经济,从而有效保障区域内就业人口容量的扩大以及特产资源价值的发挥,增大区域经济与社会效应。

8.2.4 开发人力资源,提升区域发展能力

人口贫困问题的根本解决,关键在于人口素质。人口素质是社会发展的重要标志,制约着国家或地区的经济发展与社会进步。只有充分重视贫困区域的人力资本经营,才能提高贫困区人口素质,又能通过人力资源向经济资源的转化,提高劳动生产率,发展区域经济,提升区域发展能力。

第一,强化人力资本投资,加大人力资源的开发力度。贫困区域具有丰富的人力资源,但人力资本却不丰富,贫困区域经济开发归根到底是人的智力开发。因此政府必须努力普及九年义务教育,落实义务免费教育,开展专业技术和实用技术的培训,加强区域职业教育和成人教育,加大人力资源的

开发力度，有效配置区域人力资源，形成区域人才资源优势。

第二，加大教育投入，培养优、专人才。一方面坚持以政府投入为主，加大财政拨款，同时引导企业积极加大教育投入，多途径利用民间资源和资金开展库区教育与培训，构建多元化教育投入机制。另一方面调整教育结构，培养既优又专的综合型人才或技能型人才。贫困地区高层次人才和专业技术人才严重匮乏，应逐步建立以义务教育为基础、职业技术教育为主体、成人文化教育为辅助的新型教育结构体系。同时加强贫困区域政府、企业、大学的合作，积极培养实用型科技人才，有效提升贫困区域劳动者科技文化水平，增强区域人力资本积累，从而在促进产业快速升级和经济结构转型中发挥积极作用。

第三，促进人力资源合理流动，加快人才市场体系及信息服务平台建设。一方面，扫除人力资本流动障碍，区域内政府应破除制度障碍，推进劳动、户籍制度的改革，实行城乡互动，促进城乡人才合理流动，保证人力资源有效配置。另一方面，加强贫困区域人才市场体系和人才信息服务平台建设。以区域内城市人才市场为依托，积极推进覆盖贫困区县、乡镇、村三个层级的劳动力与人才市场体系，强化各级部门就业等信息网络资源的有效整合，实现横向区域间、纵向县乡间人力资源合理有序流动以及人才资源共享，提升人才市场化配置的效率，缩短劳动者寻找工作的时间和降低择业成本。

第四，积极扶持贫困残疾人、贫困老年人等特殊群体脱贫。贫困区域内各类特殊贫困人口较多，他们的脱贫致富在很大程度上影响着区域的稳定和经济发展水平。一是对于那些生存环境极恶劣，甚至单家独户住在深山老林的极贫户，应有计划、分批兴建极贫户居民点，配给适当的土地，或在开发移民中，每户上一个脱贫项目或其子女（有文化或经培训）到企业、公司或其他行业就业等。二是建立贫困老年人、残疾人生活保障制度，对于有工作能力的特殊群体积极推荐参加低劳动强度的工作，增加收入，降低贫困程度，提升生活水平。

8.2.5 构建救助体系，完善社会保障

第一，改进医疗救助保障制度，提高人口健康素质。贫困区域应大力发展医疗保健事业，完善医疗保障制度，改善医疗卫生设施，建立贫困区县、乡、村三级卫生医疗服务网络，积极鼓励贫困人口加入新型农村合作医疗和城乡居民合作医疗保险，简化报销程序，提高报销比例和报销范围，降低贫困人口医疗成本。同时，强化生育政策，控制人口数量。要

加大贫困区域计划生育工作的推行和宣传力度，检查约束生育行为，奖励少生优育家庭，树立人口质量意识。此外，政府可设立疾病医保基金和贫民疾病救助金，开设贫困户基本救助专项和贫困"绿色通道"，积极试点推广贫困无钱又急需治疗病人先入院就诊制度等；将多发病、高发病、传染病和地方病降到最低程度，提高和改善保健水平。

第二，完善住房保障制度，提高民生居住环境。针对城市贫困人口，政府一方面可多方筹资，根据市场需求修建相当数量的廉租房、公租房，保障住房供应；改造城郊棚户区，提高周边环境质量；另一方面可通过财政补贴、贷款利息及税费减免等办法降低贫困人口购买经济适用房的成本支付。针对农村贫困人口应加大政府出资，积极进行旧危房改造，或可提供无息修建资金，改变几代同室的家庭现状，提高居住环境。

第三，提升生活保障制度，改善民生生活质量。我国实施的城乡、农村最低生活保障制度是一种各自分离的制度，城乡、农村低保制度差异极大，存在严重的不公平性。因此提高生活保障制度，一是依据地区经济社会发展水平，对城乡、农村最低生活保障制度的对象整合分类，明确低保范围，稳步提高低保补助。二是建立城乡、农村低保制度，财政投入稳定的增长机制和城乡、农村低保制度的管理体系，统筹保障城乡、农村低保制度的财政投入，有效改善贫困地区民生生活质量。

第四，构建社会福利保障体系，提升社会保障水平。人口贫困是经济区域发展不平衡的结果，在制订区域反贫困计划时，对区域福利社会保障安排必须有科学的认识，同时努力开展社会福利建设。建议通过政府转移支付设立社会公积金，反贫困扶助基金并完善社会保险制度，使贫困区域人口生活处于社会保障制度的调控范围。

8.2.6 强化政策落实，构建良好环境

第一，转变政府职能，建设服务性政府。一方面，区域内政府积极转变政府职能，按照"科学管理、依法行政、廉洁高效"的要求转变职能，改善作风，狠抓服务质量，落实责任制，提高行政效率，加快服务型政府建设。另一方面，建立根据经济社会发展情况确立的社会服务机制，做好提供基本生活服务、公共事业服务、公共文化体育等工作，有重点、有步骤地推进贫困地区建立覆盖全民、方便可及、高效低廉的基本公共服务体系。

第二，稳步推进区域城镇化建设，改善人居环境。其一，贫困区域可持续发展的城镇化建设应当成为普惠民生、改善就业的战略主线，必须统筹、科学地规划，认真扎实地推进，稳步发展区域大城市，积极发展中小城市，

有重点地发展小城镇,合理节约地利用资源,保护珍惜生态环境,促进就业,加快脱贫。其二,贫困区域城镇化建设需要立足于区域特色文化,增强城镇的历史文化氛围,扩大城镇的文化内涵,开发城镇文化资源产业,严忌盲目扩张,侵害区域人们利益。其三,城镇化建设应做好配套基础设施建设,切实改善人居环境。城镇化建设不能只注重盖房子,搞政绩,而是要努力跟进生产、生活设施建设。既要发展支撑产业,又要做好满足城镇生活需求的基础服务设施,真正地搞活城镇化,实现人口脱贫。

第三,加大区域财政政策的支持,有效改善财政服务环境。一方面区域内的人口反贫困需要在区域协调机构的主持下,明确区域内各政府的转移支付数量及责任,健全对贫困地区的转移支付制度,做好一般性转移支付,规范专项转移支付,促进人口贫困地区的发展。另一方面,人口贫困区域由于就业机会少,对于积极参与贫困区域项目建设的企业以及对口支援项目应给予企业所得税、农业税、特产税等方面的税收政策优惠,鼓励增加就业岗位,稳步提高基本工资,提高贫困人口收入。同时要加强贫困区域金融制度创新、金融业务创新以及金融产品供给。如对贫困地区金融机构存款的放贷作出限制性规定,要求拿出一定比例的信用贷款在属地使用;鼓励正规的金融机构在贫困地区组建村镇银行、贷款公司、农村资金互助社和小额贷款公司等机构,形成覆盖广泛、服务便捷的多层次区域金融市场。

第四,引导多方社会力量参与扶贫,提高社会包容度。一是动员全社会力量参与人口扶贫,形成区域反贫困的正能量。政府要制定相关政策引导中介组织、民间组织、慈善基金、国际组织等多元扶贫主体参与到扶贫项目的实施;并建立由政府、非政府组织、当地贫困人口共同参与的扶贫开发监督和评价机制,保障人口脱贫政策落到实处,开展社会扶贫,促进区域发展,防止人口再贫困。二是创新社会管理,调整完善公共政策,缩小贫富差距,促进利益分享,增强社会稳定性,实现中国梦。政府有责任"平等地发展个人潜力,使每一个人一开始就有足够的权利(物质条件),以便得到相同的能力与所有其他人并驾齐驱"①。既要借助教育、技术、信息等手段,建立有助于提高贫困人口素质的社会心理关怀机制,对贫困人口进行心理辅导和观念引导,实现物质脱贫和精神脱贫;又要培育民众的社会公正意识,增进民众的信任合作,促进社会发展成果共享,实现共同富裕。

---

① 吴忠民. 论代际公正[J]. 江苏社会科学,2001(3):44-50.

后 记

书稿是在我2009年重庆大学工商管理博士后出站报告基础上扩充并提升而成的。选样三峡库区进行研究,根植于乡土情结与环境的熟悉,生于库区,曾求学和工作于库区,深深地热爱着那片土地。选题人口贫困与区域可持续发展,源于人与环境的关系,人作为经济社会活动的主体,对所在区域的发展与可持续产生着极其重要甚至决定性的影响,因而把人口的贫困(即经济贫困与精神贫困)及制约放到一个相当的高度来探讨区域发展及可能产生的变化。

因时间的推移,三峡库区的发展环境、有关理论见解及数据资料等都发生了变化。为写好书稿,从题目的斟酌到提纲的确定,从思路的梳理到观点的形成,从资料的查阅到数据的分析等,反复构思,多次讨论,不断否定之否定。每有新的收获、新的感悟和阶段任务的完成,内心的喜悦与激动不言而喻。相比2004年《通商贸易与区域社会变迁——重庆开埠二十年发展研究》个人专著的出版,此时觉得写出这部书稿更感不易。不论理论基础、内在机理关系,还是时空跨度及资料的收集分析等,其深度、广度和难度都要困难得多,都需一一厘清、分类识别、着力排查。每涉及一个区县、一类群体、一个数字和一个观点,都要反复比对和深入思考,很多时候是夜不能寐。好在一番"劳其心志"之后,拙稿终成,甚是一大安慰。

在书稿的写作过程中,重庆市残疾人联合会、重庆市老龄委员会和三峡库区一些相关区县提供了文献查找和调研的帮助与配合;重庆市残联副理事长任能军对书稿的写作提出了一些中肯的建议和指导,信息管理干部李清安对书稿的写作提供了一些资料上的支持,在此一并感谢!

我的研究生参与了书稿的资料收集、文献整理、数据查阅和调研访谈等一些基础性工作。张德钢、张基斌、尹克寒、夏月、李励耕、赵凯、蒋雨珈、王雪等较好地完成了相应的任务安排；唐颖、陈夏璐、金阁、凌闹、宋彦彦、李军等对前期的资料查找和收集作出了一定努力。

感谢我的夫人刘红女士，一直默默地支持我、关心我、点拨我，让我安心于书稿的写作和科研教学，是我事业的强力支撑。远在北京读大学的儿子陆睿也时常与我交流，他的一些观点和看法不时给我启发和思考，激励和鼓舞着我。

重庆大学出版社邓晓益社长、饶邦华总编辑、雷少波助理和林佳木等编辑，对书稿的出版给予了特别的帮助和大力支持，在此深表谢意！

参考文献

1. 著作部分

[1] 佟新. 人口社会学[M]. 北京:北京大学出版社,2000.

[2] 张善余. 人口地理学概论[M]. 上海:华东师范大学出版社,1999.

[3] 钟水映. 人口流动与社会经济发展[M]. 武汉:武汉大学出版社,2000.

[4] 葛剑雄. 中国移民史[M]. 福州:福建人民出版社,1997.

[5] 顾茂华,等. 水库移民遗留问题处理[M]. 南京:河海大学出版社,2000.

[6] 唐继锦,等. 中外水库移民比较研究[M]. 南宁:广西教育出版社,1999.

[7] 黄波. 三峡库区农村移民安置与可持续发展[M]. 重庆:重庆出版社,1998.

[8] 刘思华. 可持续发展经济学[M]. 武汉:湖北人民出版社,1997.

[9] 徐琪,等. 三峡库区移民环境容量研究[M]. 北京:科学出版社,1993.

[10] 蔡昉,2003 年中国人口与劳动问题报告——转轨中的城市贫困问题[M]. 北京:社会科学文献出版社,2003.

[11] 李实. 20 世纪 90 年代末中国城市贫困的恶化及其原因[M]//李实,佐藤宏. 经济转型的代价:中国城市失业、贫困、收入差距的经验分析. 北京:中国财政经济出版社,2004.

[12] 薛进军,魏众. 中国城市失业、贫困和收入分配差距[M]//李实,佐藤宏. 经济转型的代价:中国城市失业、贫困、收入差距的经验分析. 北京:中国财政经济出版社,2004.

[13] 雅各布 · 明塞尔. 人力资本研究[M]. 张凤林,译. 北京:中国经济出版社,2001.

[14] 艾伯特 · 赫希曼. 经济发展战略(中文版)[M]. 北京:经济科学出版社,1991.

[15] 叶裕民. 中国区域开发论[M]. 北京:中国轻工业出版社,2000.

[16] 孟庆红. 区域优势的经济学分析[M]. 成都:西南财经大学出版社,2000.

[17] 魏后凯. 区域经济发展的新格局[M]. 昆明:云南人民出版社,1995.

[18] 郝守义,安虎森. 区域经济学[M]. 北京:经济科学出版社,1999.

[19] 王慧炯,等.可持续发展与经济结构[M].北京:科学出版社,1999.
[20] 张敦富.中国区域经济差异与协调发展[M].北京:中国轻工业出版社,2001.
[21] 周万均,等.长江三峡经济开放区发展研究[M].重庆:重庆出版社,1997.
[22] 雷亨顺.中国三峡移民[M].重庆:重庆大学出版社,2002.
[23] 王冰.三峡库区协调与可持续发展研究[M].武汉:武汉大学出版社,2002.
[24] 重庆大学可持续发展研究院.重庆市及三峡库区可持续发展研究[M].重庆:重庆出版社,1998.
[25] 徐素环.三峡库区移民就业研究[M].重庆:西南师范大学出版社,2003.
[26] 陈孝胜.三峡库区人力资源开发研究[M].重庆:西南师范大学出版社,2003.
[27] 阿玛蒂亚·森.贫困与饥荒[M].北京:商务印书馆,2000.
[28] 蔡昉.穷人的经济学[M].汉口:武汉出版社,1998.
[29] 蔡昉,都阳.中国人口与劳动问题报告[M].北京:社会科学文献出版社,2004.
[30] 蔡昉,白南生.中国转轨时期劳动力流动[M].北京:社会科学文献出版社,2006.
[31] 陈佳贵.中国社会保障发展报告[M].北京:社会科学文献出版社,2001.
[32] 陈端计.中国经济转型中的城镇贫困问题研究[M].北京:经济科学出版社,1999.
[33] 冈纳·缪尔达尔.世界贫困的挑战[M].北京:北京经济学院出版社,1991.
[34] 关信平.中国城市贫困问题研究[M].长沙:湖南人民出版社,1999.
[35] 胡鞍钢.中国地区差距报告[M].沈阳:辽宁人民出版社,1997.
[36] 黄贵荣,刘金源.失衡的世界——20世纪人类的贫困现象[M].重庆:重庆出版社,2000.
[37] 李军.中国城市反贫困论纲[M].北京:经济科学出版社,2004.
[38] 李强.中国扶贫之路[M].昆明:云南人民出版社,1997.
[39] 李小云.环境与贫困:中国实践与国际经验[M].北京:社会科学文献出版社,2005.
[40] 李彦昌.城市贫困与社会救助研究[M].北京:北京大学出版社,2004.
[41] 李银河.穷人与富人[M].上海:华东师范大学出版社,2004.
[42] 刘玉亭.转型期中国城市贫困的社会空间[M].北京:科学出版社,2005.
[43] 卢周来.穷人经济学[M].上海:上海文艺出版社,2002.
[44] 马丁·瑞沃林.贫困的比较[M].北京:北京大学出版社,2005.
[45] 尼古拉斯·巴尔.福利经济学前沿问题[M].北京:中国税务出版社,2000.
[46] 世界银行.全球化、增长与贫困化[M].北京:中国财政经济出版社,2003.
[47] 孙莹.贫困的转递与遏制[M].北京:社会科学文献出版社,2005.
[48] 唐钧.中国城市贫困与反贫困报告[M].北京:华夏出版社,2003.
[49] 王大超.转型期中国城乡反贫困问题研究[M].北京:人民出版社,2004.
[50] 王国良.中国扶贫政策——趋势与挑战[M].北京:社会科学文献出版社,2005.
[51] 吴庆.公平诉求与贫困治理[M].北京:社会科学文献出版社,2005.

[52] 叶响裙. 中国社会养老保障:困境与抉择[M]. 北京:社会科学文献出版社,2004.
[53] 张敏杰. 中国弱势群体研究[M]. 长春:长春出版社,2003.
[54] 张新伟. 市场化与反贫困路径选择[M]. 北京:中国社会科学出版社,2001.
[55] 郑功成. 中国社会保障制度变迁与评估[M]. 北京:中国人民大学出版社,2003.
[56] 周文兴. 中国:收入分配不平等与经济增长[M]. 北京:北京大学出版社,2005.
[57] 周晓红. 中国中产阶层调查[M]. 北京:社会科学文献出版社,2005.
[58] 朱光磊. 中国的贫富差距与政府控制[M]. 上海:上海三联书店,2002.
[59] 谭崇台. 发展经济学的新发展[M]. 武汉:武汉大学出版社,1999.
[60] 洪银兴. 可持续发展经济学[M]. 北京:商务印书馆,2000.
[61] 王伟中. 地方可持续发展导论[M]. 北京:商务印书馆,1999.
[62] 王军. 可持续发展:一个一般理论及其对中国经济的应用分析[M]. 北京:中国发展出版社,1997.
[63] 埃莉诺·奥斯特罗姆,拉里·施罗德,苏珊·温. 制度激励与可持续发展:基础设施政策透视[M]. 上海:上海三联书店,2000.
[64] 戴维·里德. 结构调整、环境与可持续发展[M]. 北京:中国环境科学出版社,1998.
[65] 西奥多·W. 舒尔茨. 人力投资[M]. 北京:华夏出版社,1990.
[66] 厉以宁. 环境经济学[M]. 北京:中国计划出版社,1995.
[67] 蒲勇健. 可持续发展经济增长方式的数量刻画与指数构造[M]. 重庆:重庆大学出版社,1997.
[68] 杨云彦. 人口、资源与环境经济学[M]. 北京:中国经济出版社,1999.
[69] 徐琪,刘逸农,等. 三峡库区移民环境容量研究[M]. 北京:科学出版社,1993.
[70] 叶明德,刘长茂. 反贫困与人口问题[M]. 杭州:杭州大学出版社,1998.
[71] 杜榕桓,等. 长江三峡库区水土流失对生态与环境的影响[M]. 北京:科学出版社,1994.
[72] 朱农. 三峡工程移民与库区发展研究[M]. 武汉:武汉大学出版社,1996.
[73] 周毅. 21 世纪中国人口与资源、环境、农业可持续发展[M]. 太原:山西经济出版社,1997.
[74] 田雪原. 大国之难——当代中国的人口问题[M]. 北京:今日出版社,1997.
[75] 张纯元. 消除贫困的人口对策研究[M]. 北京:高等教育出版社,1996.
[76] 刘文璞,吴国宝. 地区经济增长与减缓贫困[M]. 太原:山西经济出版社,1997.
[77] 林富德,振武. 走向 21 世纪的中国人口、环境与发展[M]. 北京:高等教育出版社,1996.
[78] 王冰,辜胜阻. 人口与经济发展研究[M]. 武汉:武汉大学出版社,1994.
[79] 唐忠新. 贫富分化的社会学研究[M]. 天津:天津人民出版社,1998.
[80] 周毅. 反贫困与可持续发展[M]. 北京:党建读物出版社,1997.
[81] 陆杰华. 人力资源开发与缓解贫困[M]. 北京:中国人口出版社,1998.

[82] 迟福林. 中国反贫困治理结构[M]. 北京:中国经济出版社,1998.
[83] 朱风歧,高天虹,等. 中国反贫困研究[M]. 北京:中国计划出版社,1996.
[84] 杨秋宝,陈三合,等. 走出贫困的选择[M]. 西安:陕西师范大学出版社,1995.
[85] 康晓光. 中国贫困与反贫困理论[M]. 南宁:广西出版社,1995.
[86] 张坤,夏光. 欠发达地区环境与经济协调发展机制研究[M]. 北京:中国环境科学出版社,1999.
[87] 李周,孙若梅,高岭,等. 中国贫困山区开发方式和生态变化关系研究[M]. 太原:山西经济出版社,1997.
[88] 王生铁. 中国政府消除贫困行为[M]. 武汉:湖北科学技术出版社,1997.
[89] 林乘东. 中国走出贫困[M]. 昆明:云南教育出版社,1998.
[90] 赵曦. 中国西部农村反贫困战略研究[M]. 北京:人民出版社,2000.
[91] 叶普万. 贫困经济学研究[M]. 北京:中国社会科学出版社,2004.

2. 论文部分

[1] 陶传进. 工程移民搬迁动力分析框架[J]. 社会学,2001(3).
[2] 赵秋成. 目前我国人口流动的经济学意义[J]. 北方论丛,1996(3).
[3] 汪雁. 三峡外迁移民的社会归属感研究[J]. 社会学,2001(8).
[4] 陈阿江. 非自愿移民的社会整合研究[J]. 社会学,2001(3).
[5] 雷亨顺. 可持续发展移民初探[J]. 重庆大学学报:自然科学版,1998(11).
[6] 游爱军,苏莹荣. 三峡移民社区整合与社会适应性研究[J]. 统计与决策,2000(2).
[7] 董藩,邓建伟. 三峡库区移民的调查思考[J]. 国家行政学院学报,2000(4).
[8] 游滨,刘敢新,彭建国. 三峡库区移民风险研究[J]. 重庆大学学报:社会科学版,2000(3).
[9] 崔干平. 三峡移民不稳定事件探究[J]. 四川三峡学院学报,1999(5).
[10] 陈孔立. 有关移民与移民社会的理论问题[J]. 厦门大学学报:哲学社会科学版,2000(2).
[11] 吴理财. 反贫困:对人类自身的一场战争[J]. 社会学,2001(3).
[12] 游滨. 可持续发展综合系统风险研究[J]. 重庆大学学报:社会科学版,1999,5(3).
[13] 李实. John Knight. 中国城市中的三种贫困类型[J]. 经济研究,2002(10).
[14] 孟昕,Robert Gregory,王有捐. 1986—2000 年中国城市的贫困、不平等及其增长[M]//王德文. 中国劳动经济学. 中国劳动社会保障出版社,2001.
[15] 尹海洁,关士续. 城市贫困人口贫困状况的代际比较研究[J]. 统计研究,2004(8).
[16] 董积生,杨学锋. 金融空洞化与“贫困恶性循环”[J]. 当代财经,2003(10).
[17] 牛建高. 区域开发扶贫金融对策研究[D]. 中国农业大学博士学位论文,1999.
[18] 吴国宝,李兴平. 小额信贷对中国扶贫与发展所贡献[J]. 金融与经济,2003(11).

[19] 简新华,等.可持续发展与产业结构优化[J].中国人口资源与环境,2001(1).
[20] 杨达源,等.入世后三峡库区的可持续发展研究[J].长江流域资源与环境,2002(4).
[21] 王冰,等.三峡库区可持续发展的环境人口容量分析[J].中国人口科学,2005(5).
[22] 安树伟.21世纪初叶中国治贫反困新思路[J].地域研究与开发,2001(3).
[23] 陈涌.城市贫困区位化趋势及影响[J].城市问题,2000(6).
[24] 龚晓宽.中国西部地区城市贫困与社会稳定问题探索[J].四川大学学报,2002(1).
[25] 关信平.发展中国家的城市贫困问题及反贫困行动[J].中国党政干部论坛,2002(25).
[26] 何汇江.城市贫困人口的群体认同与社会融合[J].中州学刊,2003(3).
[27] 洪朝辉.论社会权利的“贫困”[J].当代中国研究,2002(4).
[28] 胡鞍钢.新世纪的新贫困:知识与贫困[J].中国社会科学,2002(1).
[29] 胡永和.分困向城市集中与我国进城农民工的贫困化[J].经济体制改革,2005(6).
[30] 靳丽丽.走进城镇贫困群体[J].中州学刊,1999(5).
[31] 李明锦.我国城市贫困群体解析[J].现代城市研究,2002(3).
[32] 李若建.城市贫困问题与区域发展[J].中山大学学报,1997(6).
[33] 刘玉亭.国外城市贫困问题研究[J].现代城市研究,2003(1).
[34] 刘玉亭,何深静.国内城市贫困问题研究[J].城市问题,2002(5).
[35] 钱志鸿.城市贫困、社会排斥和社会极化[J].国外社会科学,2004(1).
[36] 王海玲.城市二元性:中国贫困之新特征[J].山东大学学报,2002(2).
[37] 王琳.我国未来老年贫困的风险分析[J].云南社会科学,2006(2).
[38] 王宁,庄亚儿.中国农村老年贫困与养老保障[J].西北人口,2004(2).
[39] 王朝明.西部城市反贫困的政策选择[J].经济体制改革,2002(1).
[40] 王朝明.中国城市新贫困人口论[J].经济学家,2002(2).
[41] 王朝明.城市化:农民工边缘性贫困的路径与治理分析[J].社会科学研究,2005(3).
[42] 王卓.中国现阶段的贫困特征[J].经济学家,2000(2).
[43] 魏秀珍.论农民工的社会权利贫困[J].华东船舶工业学院学报,2004(3).
[44] 魏众.中国转型时期的贫困变动分析[J].经济研究,1998(11).
[45] 吴理财.贫困的经济学分析及其分析的贫困[J].经济评论,2001(4).
[46] 杨钢,王丽娟.新的世纪与新的贫困[J].经济体制改革,2001(1).
[47] 杨娅.中国的失业、城市贫困及其治理机制创新[J].学术探索,1998(6).
[48] 张润君.现阶段我国城市贫困与城市可持续发展[J].西北师范大学学报,2003(6).
[49] 赵曦.21世纪中国扶贫战略研究[J].财经科学,2002(6).
[50] 郑功成.现代慈善事业及其在中国的发展[J].新华文摘,2005(16).
[51] 周鸿.城市贫困的监测:内涵、要素、任务及意义[J].理论月刊,2001(9).
[52] 朱玲.转型国家贫困问题的政治经济学讨论[J].管理世界,1998(6).
[53] 章家恩.三峡库区可持续发展的初级阶段机器战略探讨[J].中山大学学报论丛,1997

(5).
[54] 刘治国,程建军.略论三峡库区可持续发展的现实途径[J].三峡学院学报,1999(4).
[55] 曹利军,王华东.可持续发展评价指标体系建立原则与方法研究[J].环境科学学报,1998(5).
[56] 周文兴.变开发性移民为移民性开发——三峡库区发展战略新探[J].长江经济导报,1996,1(1).
[57] 刘长茂.中国贫困地区生育观念转变研究[J].人口与经济,1993,6.
[58] 李嘉岩.中国农村贫困地区的人口问题[J].中国贫困地区,2000,2.
[59] 李嘉岩.透视贫困人口问题[J].21 世纪,2000,3.
[60] 叶普万.贫困概念及其类型研究述评[J].经济学动态,2006(7).
[61] 叶普万.中国扶贫战略的偏差及其修正[J].兰州大学学报,2004(5).
[62] 叶普万.贫困研究范式的国际转换[J].山东社会科学,2004(11)
[63] 叶普万.世界反贫困战略演变述评[J].山东社会科学,2005(10).
[64] 洪朝辉.论中国城市社会权利的贫困[J].社会学(人大复印资料),2003.
[65] 张洁.城市的"顽疾"——城市贫困问题研究综述[J].攀枝花学院学报,2006(6).
[66] 万青.共建和谐社会:中国贫困问题与反贫困实践全国学术研讨会综述[J].经济学动态,2005(10).
[67] 郭熙保,罗知.论贫困概念的演进[J].江西社会科学,2005(11):38-43.
[68] 梁树广,黄继忠.基于贫困含义及测定的演进视角看我国的贫困[J].云南财经大学学报,2011(1):55-61.
[69] 马蔚云.经济转轨以前俄罗斯人口贫困状况及原因[J].人口学刊,2010(3):16-24.
[70] 王小林.贫困标准及全球贫困状况[J].经济研究参考,2012(55):41-50.
[71] 汤夺先. 试论城市少数民族流动人口的物质生活贫困问题[J].城市民族问题,2010.
[72] 刘义甫.我国农民贫困问题研究[J].安徽农业科学,2012(12):7488-7490.
[73] 温晓琼,周亚雄.我国贫困研究的前沿问题综述[J].甘肃农业,2005(11):57.
[74] 杨冬民,党兴华.中国城市贫困问题研究综述与分析[J].经济学动态,2010(7).
[75] 肖立新.我国现阶段城市贫困问题的成因及对策分析[J].吉林省经济管理干部学院学报,2012(4):54-57.
[76] 陈冲,石志恒,王征兵.新时期我国农村人口贫困化问题研究[J].三农问题研究,2007.
[77] 刘忠超,张宏博.有关贫困的几个基本问题[J].产业与科技论坛,2011(20):8-10.
[78] 何慧超.中国城市贫困问题的特点及其治理策略选择[J].理论与实践,2008(8):85-87.
[79] 姚雪萍.转型期我国城市贫困的特点、成因以及反贫困的对策探析[J].改革与战略,2007(12):109-112.
[80] 黄海燕,王永平.新阶段贵州农村贫困特征与反贫困策略调整[J].贵州农业科学,2010

(7):204-208.

[81] 李瑞林. 中国城市贫困问题研究综述[J]. 学术探索,2005(6):43-46.

[82] 梅建明,秦颖. 中国城市贫困与反贫困问题研究述评[J]. 中国人口科学,2005(1):88-96.

[83] 张毅,张帆. 民族地区贫困问题研究述评[J]. 当代经济,2011:94-96.

[84] 尹海洁,唐雨. 城市贫困家庭贫困度综合策略指标体系构建及分析[J]. 经济研究导刊,2006,6(5):15-19.

[85] 向国春,朱静秋,阎正明. 界定贫困的标准研究综述[J]. 中国卫生资源,2009(6):262-264.

[86] 陈孝胜. 人力资源开发与三峡库区反贫困战略研究[J]. 经济论坛,2004:22-24.

[87] 李志,宋赟. 三峡库区人力资源现状及其对策研究[J]. 重庆大学学报,2007(4):50-55.

[88] 曾国平,李仕龙. 三峡库区农村剩余劳动力状况及人力资源开发[J]. 重庆大学学报,2005(5):124-127.

[89] 颜帮全. 三峡库区经济持续发展的对策思考[J]. 工业技术经济,2006(6):13-15.

[90] 陈孝全. 三峡库区人力资源开发与经济可持续发展对策[J]. 决策管理,2006:21-22.

[91] 三峡库区人力资源开发与移民后期扶持研究[J]. 重庆邮电大学学报:社会科学版,2008(2):105-108.

3. 英文部分

[1] Gregory, Robert, Xin Meng and Guanghua Wan (2005), "China Urban Poverty and Its Contributing Factors, 1986—2000", paper presented on the project conference Inequality and Poverty in China, Helsinki, Finland, August,26-27.

[2] Khan, Aziz, Keith Griffin and Carl Riskin (2005), "Income Distribution in Urban China during the Period of Economic Reform and Globalization," in Riskin, Zhao and Li (eds). China' s Retreat from Equality: Income Distribution and Economic Transition, New York, M. E. Sharpe.

[3] Knight, John and Lina Song(2005), Towards a Labour Market in China, Oxford University Press.

[4] Ravallion, M. and Chen, S. (1997), "What Can New Survey Data Tell Us About Recent Changes in Distribution and Poverty?" World Bank Economic Review, Vol. 11, No. 2, pp. 357-382.

[5] Riskin, Carl and Shi Li(2001), "Chinese Rural Poverty Inside and Outside the Poor Regions," in Riskin, Zhao and Li(eds) China's Retreat from Equality: Income Distribution and Economic Transition, New York, M. E. Sharpe.

[6] Adams, R. H. J. (1999), "Non-farm Income, Inequality and Land in Rural Egypt," Policy

Research Working Paper 2178, The World Bank.

[7] Khan, A., P. and C. Riskin (2001), Inequality and Poverty in China in the Age of Globalization, New York, Oxford University Press.

[8] Ravallion M. and S. Chen(2004), China's (Uneven) Progress Against Poverty, The World Bank, Development Research Group.

[9] Yao, S. (1999), "Economic Growth, Income Inequality and Poverty in China under Economic Reforms," Journal of Development Studies, Vol. 35, No. 6, pp. 281-286.

[10] Ahituv, Avner, Be Fruitful or Multiply: On the Interplay between Fertility and Economic Development, Journal of Population Economics, 14:51-71,2001.

[11] Barro, Robert, Determinants of Economic Growth: A Cross-Country Empirical Study, Cambridge, Massachusetts, London, England: The MIT Press, 1998.

[12] Carl Riskin, Chinese Rural poverty: Marginalized or Disperse? 1993.

[13] Devine, J. A. and Wright, James, the Greatest of Evils: Urban Poverty and American Underclass, Aldine De Gruyter, New York, 1993.

[14] Jordan, Bill, A Theory of Poverty and Social Exclusion, Polity Press, 1996.

[15] Lin, Justin Yifu, Rural Reforms and Agricultural Growth in China, American Economic Review, 82, 91(March), 1992.

[16] Nakak C. Kakwani. "Income Inequality and Poverty", Oxford University Press, 1980.

[17] Oppenheim, Carey & Harker, Lisa, Poverty: The Pacts, Revised and Updated 3rd Ed., CPAC Ltd., 1996.

[18] Timothy M. Smeeding, Michael O'Higgins, Lee Rainwate "Povery, Inequality and Income distribution incomparative perspective", Billing and Sonslimited, Worcester, 1990.

[19] Townsend, Peter, The International Analysis of Poverty, Harvester Wheatsheaf, 1993.

[20] Wang, Shaoguang and Angang Hu, The political Economy of Uneven Development: the Case of China, Armonk, NY: M. E. Sharpe, 1993.

[21] Zeng Yi, "Is fertility level in China in 1991—1992 far below the replacement level?", Population Studies, 1996.

[22] Zhao Yaohui, Leaving the Countryside: Rural-to-urban Migration Decision in China, American Economic Review, 89(2):281-286,1999.

[23] Willamson,J. G,1998,Migration and Urbanization,Handbook of Development Economi—cs,Volume1, Edited by H. Chenery and T. N. Srinivasan(c),Elsevier Science Publisher-B. V..

[24] Gillis, M., Perkins, D. H., Roemer, M. and Snodgrassm D. R., 1983, Economics of Developm—ent, New York, W. W. Norton.

[25] Sit, V. F. S. and Yang. C., 1997, Foreign-investment-induced Exo-urbanization in the Pearl River Delta, China, Urban Studies 34(4).

[26] Tan,Chwee Human. Human resource management:an overall perspectives,In Anantaram—an,V. Etc. (ed), Human resource management: concepts and perspectives, Singapore: Singapore University:1-8,1984.

[27] Schuitz TW. Investing in people: economic of population quality. Berkeley and Los Angeles: Univesity of California Pree,1982.

[28] Veum J R. Training, wages and the human capital model. SanFrancisco: paper presented at The Annual Meeting of the Population Association of America. Unpublished,1995.

[29] Simon. The Economics of Population Growth,Priceton Univerity Press,1977.

[30] Alkire, S. and Foster, J. E. (2007), Counting and multidimensional poverty measures. OPHI Working Paper 7,Oxford Poverty and Human Development Initiative,University of Oxford.

[31] Ravallion M. ,S. Chen and P. Sangraula (2008),Dollar a Day Revisited, World Bank, Policy Research Working Paper 4620.